ベターホームの
パンの基本

パンの基本 目次

パンを作ろう

- 6 　丸パン
- 20 　丸パンをアレンジ　●コーンパン・レーズンバンズ
- 22 　ホームベーカリー・フードプロセッサーでこねる
- 25 　ゆっくり発酵でパンを作ろう
- 28 　パン作りメモ

ベーシックパン

- 30 　パンオレ
- 32 　食パン
- 35 　アレンジ　ミニ食パン
- 36 　マーブルショコラ
- 40 　豆乳ブレッチェン

本格派のパン

- 44 　カンパーニュ
- 48 　カンパーニュフィグノア
- 50 　全粒粉のプチパン
- 52 　フランスパン
- 55 　おいしい食べ方　ミルクフランス
- 56 　おいしい食べ方　フランスパンで作ろう
  - ●ラスク、ハーブトースト、にんにくのスープ
- 58 　くるみとオリーブのリュスティック
- 60 　ベーコンエピ
- 62 　フーガス
- 64 　ベーグル
- 66 　おいしい食べ方　ベーグルのサーモンサンド
- 67 　おいしい食べ方　クリームチーズディップ
  - ●パンプキンクリームチーズ
  - ●メープルウォルナッツクリームチーズ
  - ●ブルーベリークリームチーズ
- 68 　アレンジ　ベーグルバリエーション
  - ●ブルーベリー、くるみマロン、ココア＆オレンジクリーム
- 70 　クロワッサン
- 74 　デニッシュ

	78	オレンジブリオッシュ
	82	パネトーネ
	85	**アレンジ** ミニパネトーネ
おかずパン	88	チーズとハムのパニーニ
	92	ピザ
	95	●バジルソース
	96	ミニピザ
	98	フォカッチャ
	100	カレーパン
	103	**アレンジ** 焼きカレーパン
	104	チーズスティック
おやつパン	108	さつまいもパン
	110	メロンパン(カスタード入り・抹茶風味)
	113	●カスタードクリーム
	114	ドーナッツ(チョコリング・きな粉ツイスト)
	118	豆パン
	120	アップルシナモンロール
	124	あんぱん
	127	●粒あん
パンのこと	130	パン作りの材料
	134	パン作りの道具
	137	オーブンを使いこなそう
	138	米粉でパンを作ってみよう
	140	パン作りのQ&A
コラム	24	パン作りのコツABC
	42	成形のアレンジ①
	86	パンのおいしい保存法
	106	粉の量を変えたいとき
	128	成形のアレンジ②

この本の特徴と使い方

マーク
難易度や材料、"ゆっくり発酵"(p25)ができるかどうかがわかります。

準備
生地をこね始める前にしておきたいことです。ナッツをきざんでオーブンで焼く、具を切るなどは生地作りの前にしておきましょう。

工程
発酵や焼くときの温度、時間がひと目でわかります。

アレンジ・おいしい食べ方
パンのアレンジ方法や、おいしい食べ方を紹介しています。

この本の表記について

計量の単位	カップ1＝200ml 大さじ1＝15ml 小さじ1＝5ml ＊ml＝cc
電子レンジ	加熱時間は500Wのめやす時間です。600Wなら、加熱時間は0.8倍にしてください。
オーブン温度	一般的な電気オーブンの加熱温度のめやすです。火力の強いオーブンの場合は10～20℃ほど低くしてください。くわしくはp137。

マークについて

レベル

LEVEL I　使う材料がシンプルで、成形がかんたんな初心者向きのパンです。

LEVEL II　パン作りに慣れた方、パン作りを習ったことがある方におすすめのパンです。

LEVEL III　作り方にコツが必要なパンです。

ゆっくり発酵
冷蔵庫の野菜室に入れて、時間をかけて第1発酵ができるパンです。くわしくはp25。

油脂　卵　牛乳
マークのついているパンは、その材料を使用します。アレルギーのある方は参考にしてください。

パンを作ろう

丸パン

LEVEL I

シンプルな丸パンを作りながら、
パン作りの基本を覚えましょう。
これが作れるようになったら、
形や味のバリエーションも楽しめます

パンは、6つのSTEPで作ります

STEP 1　生地作り（材料を混ぜる・こねる）
（約25分）

生地がなめらかになるまでこねます。

STEP 2　第1発酵　（30〜40分）

約2倍になるまで生地をふくらませます。

STEP 3　ガス抜き・分割・ベンチタイム　（約15分）

ふくらんだ生地のガスを抜いて、生地を切り分けます。
丸めて、やすませます。（ベンチタイム）

STEP 4　成形

作りたいパンの形にします。

STEP 5　第2発酵　（30〜40分）

もう一度、1.5倍くらいの大きさになるまで生地をふくらませます。

STEP 6　焼く

おいしそうな焼き色がつくまで、オーブンで焼きます。

パン作りの基本スケジュール

準備	こねる	第1発酵	ガス抜き・分割・ベンチタイム	成形	第2発酵	焼く
→start	0:15	0:25　　0:55	1:10	1:20	1:50	2:05

では、作ってみましょう。

材料はすべてそろえましょう

● 材料（8個分）

A ┌ 強力粉 ………………… 250g
  │ ドライイースト … 小さじ1
  │ （ベターホームの
  │   天然酵母→p131 なら10g）
  │ 砂糖 …………………… 大さじ1
  └ 塩 ………………… 小さじ2/3
ぬるま湯 ………… 160〜170ml
バター ……………………… 10g
（手粉用）強力粉 ………… 適量

強力粉
ふるう必要はありません。

イースト
しけていないことを確認します。

砂糖・塩
かたまりがあったら、ほぐしておきます。

ぬるま湯
イーストが活動できるように35〜40℃に。夏は低め、冬は高めの温度にします。

バター
冷蔵庫から出して、室温にもどします。ただし、溶かさないように。

道具などの準備

道具を全部そろえておきます。手粉も用意しておきましょう。

発酵に使う直径18cmのボールにバター（またはショートニング）を軽く塗り、指でのばします。バターを使うパンなら、生地に入れるバターから使えばOK。

こね板には、大きめのぬれぶきんを敷くと、ずれません。こね板がないときは、きれいにした調理台やまな板の上でこねます。

STEP 1　❶材料を混ぜる

1

大きめのボール（直径24cm）にAを入れ、泡立器でよく混ぜます。
材料がまんべんなく混ざるように、泡立器で混ぜます。

2

粉の中心にくぼみを作って、少ないほうの量のぬるま湯を入れます。初めのうちは扱いにくいので木べらでざっと混ぜます。

ぬるま湯の量に幅があるのはどうして？

粉の状態や湿度によって、加えるぬるま湯の量はかわります。「160〜170ml」とあれば、170mlのぬるま湯を用意し、そこから10ml（小さじ2）をとり分けておきます。まず、160mlのぬるま湯を粉に加えて、ようすをみながら、残りのぬるま湯をたしていきます。

3

粉っぽさがなくなり、生地がひとかたまりになるまで、手でこねます。混ざりきらない粉があれば、残したぬるま湯を少しずつたして調節します。ぬるま湯は残してもかまいません。
水分はようすをみて入れます。

4

ぬるま湯をしっかり生地に混ぜこみ、生地がボールから離れるようになるまでこねたら、こね板に出します。

湯を多く入れすぎたとき

水分量が多くてべとつく場合は、手粉を少量加えてこね、ようすをみます。手に生地がついて、こねにくいときは、一度手を洗い、きれいにします。

STEP 1　❷ こねる（約10分）

5

最初はこね板に押しつけるように生地をのばしたら、たたむを、何度かくり返します。

6

生地をこね板にのばしたり、たたんだりしているとねばりが出てべとつかなくなります。

こねにくいからといってすぐ粉をふると、パンのできあがりがかたくなります。ケーキカード（p134）などで生地を寄せ集めながらこねるとよいでしょう。

7

生地がこね板につかなくなってきたら、手のひらのふくらみで、生地をこね板に押しつけるようにしてころがします。

8

Vの字を描くように、右方向、左方向に交互に押しつけるようにしてリズミカルにころがし、生地全体をまんべんなくこねます。

生地がべとつくときや温度が高いとき、生地の弾力を出したい食パンなどは、何度かたたきつけます。生地の端を持ち、生地全体がこね板に当たるように上からたたきつけます。

生地が少しのびたら、向こうに折り返します。持ちかえて手前から、再びたたきつけます。くり返します。

たたきつけるからといって、乱暴に扱うと、生地の膜（グルテン）が切れます。折り返した生地の表面が切れないように、ていねいに行います。

体全体を使ってこねる

ただ、生地をころがしているだけでは、こねあがりません。
こねるときは、立った姿勢で、両足を前後に開いて安定させ、体全体を使います。生地に体重をかけるような感じで力をこめます。
こねあがるころには、息があがっているはずです。生地の表面を常につるっと、なめらかにさせるような意識でこねます。

9

生地がなめらかになって、手につかなくなるまでこねます。時間のめやすは、こね始めてから6〜7分間ですが、こね方によってかわります。生地の状態で判断しましょう。
ホームベーカリーでこねるには→p22

生地がまだざらついています。まだこねたりません。

こねてグルテンを出す

よくこねると、小麦粉のグルテンが出てきて、なめらかになります。グルテンとは小麦粉のたんぱく質のこと。小麦粉に水を加えてこねると、たんぱく質が多いほどグルテンの膜ができ、弾力とねばりが出てきます。パンがふくらむのは、このグルテンの膜にイーストの発酵でできるガスがとじこめられるためです。ふっくらとしたパンにするには、しっかりこねて、グルテンの膜を細かくし、のびのある生地にすることが大切です。

STEP 1　❸バターを混ぜる（バターを加えないパンは❹へ）

10

生地をボールに戻してバターを表面になじませたら、全体に混ぜこみます。

11

初めはべたつきますが、ボールの中でしばらくもみこむと、バターが生地になじんでまとまってきます。

> **バターは溶かさない**
>
> バターは、溶けないように扱います。溶けたバターを生地に混ぜこむと、生地がぱさつきやすくなります。生地の温度でバターはどんどん溶けてくるので、暑いときは特に注意して、手早く混ぜこみましょう。バターの分量が多いときは、2〜3回に分けます。

生地にバターがなじんでいない状態で、こね板に出さないようにします。こね板がべとべとになります。

12

再び生地をこね板に出して、手のひらのふくらみを使い、生地をこね板に押しつけるように、こねます。

右方向、左方向に交互に押しつけるようにしてころがし、生地全体をまんべんなくこねます。
バターを混ぜたあとは、生地を引きちぎるようにのばしたり、強くたたきつけたりしないように。

STEP 1 ❹ こねあがり

13

おもちのように、なめらかでつやと弾力があり、薄くのばせる状態になれば、こねあがりです。

生地の中央に温度計をさしてはかります。パンによってめやすはかわりますが、27〜28℃が理想的です。

温度が低いときはもう少しこね、第1発酵を長めにとります。温度が高いときは、たたきつけて温度を下げ、発酵時間を短めにします。

14

生地のなめらかな部分が出るように、生地を下に引っ張るように丸めます。

引っ張るといっても、生地が切れないようにやさしく扱って。丸めるときは、いつも表面がなめらかに、ハリが出るようにきれいにします。そうすることで、発酵でできたガスを充分に保つことができます。

15

生地を裏返して、巻きこんだ部分を指でつまんでとめ、しっかりとじます。バターを薄く塗った発酵用のボールに、とじ目を下にして入れます。

ガスが逃げないように、合わせ目はつまんでしっかりとめましょう。

STEP 2　第1発酵 (約30℃：30〜40分)

16

生地のまわりの温度を30℃前後に保ち、30〜40分おいて生地を約2倍にふくらませます。

夏

乾燥しないようにラップをかけておき、涼しい場所に置きます（自然発酵）。発酵が進みやすいので、こまめに状態を確認しましょう。

冬

温度が下がりやすいので、こまめに温度を確認し、下がっていれば、熱い湯をたします。生地のボールに湯が入らないように注意。

30℃に保つには

大きめのポリ袋でボール全体をおおいます。蒸気が逃げないように、袋の口はボールの下に入れこむか、とめます。

生地のまわり
30℃くらい

湯の温度
36〜38℃
お風呂より、ぬるめの温度

生地のボールに湯が入らないように注意。湯をたすことを考えて、初めは少なめに。

大きめのボールに36〜38℃の湯を入れて、生地を入れたボールを浮かべ、ビニールシートや、大きめのポリ袋で全体をおおいます。温度計をボールの上に置き、時々温度を確認し、下がっていたら、湯をたします。

17

30分ほどたち、2倍くらいにふくらんでいたら、指に手粉をつけて、生地に突きさし、フィンガーテストをします。

> **フィンガーテストは手粉をつけて**
>
> フィンガーテストをするときは、必ず指の第2関節くらいまで、強力粉をつけます。つけないと、指に生地がくっついてしまいます。また、分割するパンのときは、生地のまん中に指をさすようにすれば、指穴が目立たなくなります。

発酵終了

指穴が元に戻らなければ発酵が終了しています。

指穴が小さくなる

発酵不足なので、さらに発酵を続けます。

指穴の周囲にしわができる

発酵しすぎです。酸味が出て、おいしくありません。
発酵させすぎたときは→p141

発酵のめやすを知ろう

いつも同じボールを使うと、2倍くらいにふくらんだかどうかがひと目でわかります。この本では、直径18cmのステンレスボールを使っています。

発酵前の大きさ（強力粉250gの場合）

発酵終了時の大きさ

STEP 3　❶ ガス抜き・分割

18

ガスを抜きます。発酵が終了したら、生地をこね板に出し、手のひらで軽く押さえてガスを出します。

ガスを抜くことで、気泡が均一になってきめが細かくなり、パンのボリュームが出ます。

19

ガス抜きした生地をカードやスケッパー、よく切れる包丁で8個に切り分けます。

手でちぎったりすると、生地はいたみます。分割するときや、生地同士がくっついたときは、スパッと切り分けます。

同じ大きさにするには

初めに生地全体の重さをはかって、1個当たりの重量を計算します。分割してから1個ずつはかります。同じ重さにそろえると、焼きあがりが均一になります。

重量が違ったら、その分を切り分けて調節します。

20

きれいな面を上にし、切った面が内側に入るようにして、表面がなめらかで、ハリが出るように丸めます。

裏返し、寄せた生地を指でつまんでしっかりとじます。

たした生地があれば、中に入れこみます。

STEP 3　❷ベンチタイム（約10分）

21

とじ目を下にして置き、乾燥を防ぐため、帆布や乾いたふきんをかけて、10〜15分（冬はできるだけ暖かいところに）おきます（ベンチタイム）。表面が乾燥するようなら、生地にかたくしぼったぬれぶきんをかけたり、帆布などの上をビニールシートでおおいます。

ベンチタイム前

ベンチタイム後

ベンチタイムは、分割していたんだ生地をやすませておくこと。生地がゆるんで、のびるようになるので、次の成形がしやすくなります。

ベンチタイムの間も、イーストは活動しているので、生地は少しふくらみます。

STEP 4　成形

22

作りたいパンの形にします。ここでは丸形にするので、丸め直します。手のひらをまっすぐにし、生地をのせます。もう片方の手のひらで生地の表面にハリができるようにしっかり丸めます。

丸形以外の場合

めん棒で成形する場合、のばしてもすぐ縮むことがあります。そんなときは無理してのばさず、いったん生地をやすませると、扱いやすくなります。

のばすときはめん棒やこね板に、手粉をふります。

STEP 5　第2発酵（35℃：30〜40分）

23

オーブンシートを敷いたオーブン皿に、とじ目を下にして並べます。発酵するとふくらむので、生地1個分くらいずつ間隔をあけます。
オーブン皿にのりきらないときは→p141

24

生地のまわりの温度を35℃前後に保って30〜40分おき、生地が約1.5倍の大きさになるまで発酵させます。

> **第2発酵は指定の温度で**
>
> 一般的に第2発酵は適温のほかに、第1発酵より多めの湿気も必要ですが、バターを折りこんだクロワッサンや、パリッと焼きあげたいフランスパンなど、パンのタイプによって異なります。
> できるだけ指定の温度で発酵させ、それでも予定の大きさにならないときは、時間をのばします。

第2発酵の方法

①オーブンの庫内を使う場合

約35℃
約50℃の湯

熱い湯を入れたコップを生地のまわりに置いて、オーブンに入れます。
庫内の広いオーブンなら、50℃前後の湯をはったボールをオーブンの下部に置きます。生地をのせたオーブン皿を上段に入れます。
オーブンの発酵機能を使うときは→p141

②室温に置く場合

約35℃
45〜46℃の湯

45〜46℃の湯をはった大きなボールにオーブン皿をのせます。大きめのビニールシートかポリ袋で全体をおおってボールの下に入れこみ、蒸気がまわるようにします。シートが生地につかないように、あいたところに細長いコップを置いて高くします。
乾燥しているときは、コップに湯を入れます。

STEP 6 　焼く（190℃：12〜13分）

25

オーブンはあらかじめ、190℃（一般的な電気オーブンの場合）に温めておきます。火力の強いガスオーブンなどは、10〜20℃下げて使います。

第2発酵完了

約1.5倍の大きさになったら、第2発酵は完了です。生地の表面を指で軽く押してみます。弾力があって、指あとが残ればOK。生地がすぐ戻るようなら、まだたりません。

生地がへこんでしわができたら発酵しすぎです。
生地は第2発酵完了前ころから、発酵のスピードを速めるので、過発酵にならないように注意します。

26

オーブンの下段に入れ、12〜13分焼きます。
長く焼きすぎると、焼きあがりがパサつくので、レシピどおりの時間で焼きあげるようにします。焼き時間の半分くらいで色づき始めなければ温度を上げ、焼き色が濃すぎるときは、温度を下げます。

27　**焼きあがり**

焼きあがったパンは、すぐ網にとります。すぐに食べないときは、乾いたふきんをかけてさまし、さめてからポリ袋に入れて保存します。
保存するときは→p86。

丸パンを
アレンジ

丸パンの生地に
具を入れると、
違った味わいが楽しめます

丸パンの材料（p8）
＋

●コーンパン（8個分）
コーン缶詰（ホール）……… 130g

●レーズンバンズ（8個分）
レーズン ……………………… 140g
ざらめ糖 ……………… 大さじ2
（照り用）
卵大さじ1＋水大さじ1/2

コーンパン

●準備
バターは室温にもどします。
コーンは水気をしっかりきります。

●作り方

STEP 1 〜 STEP 5 ──────── 生地作り〜第2発酵

①丸パンと同様に生地をこね、こねあがった生地をボールに戻し、コーンを加えて、つぶさないようにまんべんなく混ぜます。
②第1発酵から第2発酵まで、丸パンと同様にします。

STEP 6 ──────────────────── 焼く

③オーブンは200℃に温めておきます。
④ナイフや包丁などで、5mm深さの切りこみ（クープ）を3本入れます。約14分焼きます。

＊切りこみを入れるときは、ナイフの刃に水をつけると入れやすい。

レーズンバンズ

●準備
バターは室温にもどします。
レーズンはぬるま湯でさっと洗い、水気をきります。

●作り方

STEP 1 〜 STEP 5 ──────── 生地作り〜第2発酵

①丸パンと同様に生地をこね、こねあがった生地をボールに戻し、レーズンを加えて、つぶさないようにまんべんなく混ぜます。
②第1発酵から第2発酵まで、丸パンと同様にします。

STEP 6 ──────────────────── 焼く

③オーブンは200℃に温めておきます。照り用の卵と水を混ぜ、ざるでこします。
④照り用卵を生地の表面に、刷毛でそっと塗ります。a
⑤生地の中心に、キッチンばさみで1cm深さの十字の切りこみを入れて、ざらめをふります。約14分焼きます。

やさしく塗ります

ホームベーカリー・フードプロセッサーでこねる

こねる作業を機械にまかせることで、
パン作りがぐっとらくになります。

●ホームベーカリー（パン焼き機）でこねる

ホームベーカリーの生地作りコースを使うと、こねと第1発酵を自動で行うことができます。

①ホームベーカリーに粉、イースト、砂糖、塩を入れてセットし、少ないほうの水を入れて生地作りコースをスタートします。

②ようすをみて、粉っぽさが残って、まとまらないようなら、水を少しずつたします。

③6〜7分ほどこね、生地がまとまってなめらかになってきたら、バターを加えてさらにこねます。具を入れるときは、バターがなじんでから加えます。こねだけのコースにしたときは生地をとり出して丸め、バターを塗ったボールに入れます。第1発酵を続けて行います。

＊羽根がまわっているので、注意します。

④第1発酵がすんだら、生地をとり出します。分割からレシピどおり続けて行います。

●機械でこねる場合は、生地の温度が上がりやすいので、基本的に水は温めません。ただし、室温が28℃以上のときは5℃以下の水、10℃以下のときは30℃のぬるま湯を使います。

●フードプロセッサーでこねる

フードプロセッサーにパン用の羽根がついていれば、生地をこねることができます。

注意点

・パンこね機やホームベーカリーなどのパン専用の機械ほど、生地をしっかりこねあげることができないので、食パンやブリオッシュ生地などには向きません。ピザやフランスパン、カンパーニュの発酵種などの材料がシンプルなパンで使いましょう。
・機種によって違いはありますが、こねられる粉の分量は150g程度と少なめです。決められた分量を超えると故障の原因になるので、説明書で必ず確認しましょう。

強力粉を減らして作る場合

p106を参考に、材料の分量を計算します。

＊イーストの粒が残りやすいので、イースト液を作ってから使います。分量の水から小さじ2をとって、イーストをふり入れ、溶かします。

①容器に強力粉、砂糖、塩、イースト液＊、少ないほうの水を入れます。

②ふたを両手でしっかり押さえてスイッチを入れ、ガッガッと回してなじませてから、生地のかたさをみて、粉っぽさが残るなら、水をたします。約2分かけます。

③生地がまとまったら、バターを加えて、なじむまでかけます。

＊容器から出してさらに手でこねると、よりなめらかな生地になります。レーズンなどの具を入れるときは、つぶれやすいので、生地をとり出してから混ぜます。

④生地を容器から出し、丸めて、バターを塗ったボールに入れます。第1発酵を続けて行います。

パン作りのコツABC

A　材料はそろえておく

作り始める前に、材料はすべて準備しておきましょう。忘れやすいのは、イーストや塩。イーストがなければふくらまないのはもちろんですが、塩の入れ忘れは味がないばかりでなく、生地がべとつく、まとまらないなど、生地の状態にも影響します。

B　しっかりこねる

小麦粉に水を加えてこねると、グルテンができます。のびのあるしっかりしたグルテンは、発酵でできるガスをよく保ってふくらみ、パンのうま味になるアルコールを包みこみます。こね具合はパンの種類によって違いはありますが、つやが出て、なめらかな生地になるまでこねましょう。

C　生地をよく見よう

本に書かれている発酵時間はめやす時間。そのときの気温や天気、こねあがりの温度で発酵の進み具合はいつもかわります。時間まで生地をほったらかしにしないで、こまめに確認します。また、ベンチタイムや成形のときも発酵は進みます。暑いときの作業は、特に手早く行いましょう。

D　生地はちぎらない

生地を分割するとき、切り残した部分があっても、手でちぎってはダメ。生地がちぎれるのと同時に、グルテンも切れてしまいます。生地のいたみを少なくすることが、おいしいパン作りのコツ。分割するときはスパッと、できるだけ一気に切り分けます。

E　乾燥に注意

生地が乾燥すると、表面がつっぱって、かさつきます。すると、きれいに成形できないばかりでなく、ふくらみにくく、焼いてもツヤが出ません。こねたあとや成形している間など、ちょっとした時間でも、生地を乾燥させないようにふきんや帆布をかけましょう。

F　オーブンは予熱しておく

第2発酵終了直前は、発酵のスピードが速まります。第2発酵後は、すぐ焼けるようにオーブンは予熱しておきましょう。また、生地はグルテンが大きくのびた状態なので、オーブンに入れるときに、オーブン皿をぶつけたり、傾けたりして、衝撃を与えないようにします。

前日にこねるから、らくに作れる！
ゆっくり発酵でパンを作ろう

朝食に焼きたてパンが食べたいと思っても、朝早くから材料をはかったり、生地をこねたりの作業は大変です。けれども、パン生地は冷蔵庫でゆっくり第1発酵をさせることができるので、焼きたてパンのブランチが可能です。
パン作りの手間は同じですが、2〜3時間くらいかかる工程を分けて作れるので便利です。夜こねて翌朝焼くことも、朝こねて夜焼くこともできます。
ただ、この方法は生地を冷やしてイーストの働きを抑えるため、パンの種類によって向き不向きがあります。

●**発酵させる場所は、冷蔵庫の野菜室**
パンの発酵に適した温度は30℃前後ですが、低い温度でもイーストはゆっくりゆっくり働き、生地をふくらませます。その働きを利用し、7〜9℃で8〜10時間かけて発酵させます。

ゆっくり発酵パンのタイムスケジュール

●**ゆっくり発酵に向くパン**
あまりふくらませなくてもいいピザや、生地の温度を上げやすいシンプルな形の小型パン、生地を冷やして作るクロワッサンやデニッシュなどが向いています。また、低い温度で発酵させると粉のうま味が出てくるので、フランスパンやカンパーニュの発酵種も向きます。

●**ゆっくり発酵に向かないパン**
食パンやパネトーネなど、型いっぱいにふくらませるパンはあまり向きません。
冷蔵庫で発酵を行うと、生地は中まで冷えきってしまうからです。パン作りで大切なのは生地の温度。温度が低いと、イーストの働きがにぶくなり、生地が締まります。冷たいまま扱うと、生地はのびずに切れ、焼いてもふっくらとおいしく焼けません。特に、大きく焼くパンは生地の中心の温度が上がりにくいので、余計に時間がかかってしまいます。

ゆっくり発酵で作る
丸パンの作り方

●材料（8個分）

A ┌ 強力粉 ……………… 250g　　ドライイースト …… 小さじ1/2＊
　│ 砂糖 ……………… 大さじ1　　ぬるま湯 ………… 160〜170ml
　└ 塩 ………………… 小さじ2/3　バター ……………………… 10g

＊通常のイーストの分量では、発酵しすぎてしまうので、レシピの
　半量に減らします。イーストの量が小さじ1/4のレシピの場合は、
　減らさずに作ります。
　ベターホームの天然酵母（p131）を使うときは、レシピ通りの分量
　にします。

●準備
バターは室温にもどします。

●作り方
前日

STEP 1　　　　　　　　　　　　　　　　　　　　　　　**生地作り**

①Aを合わせます。中心をくぼませてイーストを入れ、そこに
　少ないほうのぬるま湯を入れます（イーストの量が少なく、
　粉に混ぜると溶けにくいため）。木べらで混ぜ、手でこねます。
　バターを加えて、さらにこねます。

イーストめがけて、ぬるま湯を加えます

②生地がこねあがったら、丸めて合わせ目をとじます。バター
　（材料外）を塗った保存容器に入れます。

＊冷蔵庫の中は乾燥しているので、保存容器を使うと、生地の乾燥
　が防げます。生地が発酵して2倍くらいに大きくなるので、容量
　1.2ℓくらいのものを使います。ただし、密閉力の強力な保存容器
　だと、発酵のガスでふたがはずれる場合があるので、注意します。

生地のいちばん高いところに印をつけると、発酵の具合がわかります

STEP 2　　　　　　　　　　　　　　　　　　　　　　　**第1発酵**

③冷蔵庫の野菜室（7〜9℃）で8〜10時間発酵させます。

＊発酵を2度行うフランスパンの場合も、生地をこねたら、1回目の
　第1発酵はさせずに同様にします。

＊暑いときは発酵が進みやすいので、できるだけ早く野菜室に入れ
　ます。また、寒いときは、保存容器を35℃前後の湯にあてて15分
　（ベターホームの天然酵母は約30分）程度温めてから野菜室へ。

ポリ袋で発酵させるときは、袋を二重にします。ゆとりをもたせて、口をしっかりとめます

当日

④生地を野菜室から出します。室温や野菜室の温度、生地のこねあげ温度などによって、発酵の具合はかわります。生地が約2倍になっていないときは、室温に出してしばらくおいたり、35℃前後の湯につけたりして、予定の大きさになるまで発酵を続けます。

＊ポリ袋で発酵させた場合は、ポリ袋のままボールに入れて、ボールの底を湯にあてます。

2倍に発酵した生地

STEP 3 ──────────── ガス抜き・分割・ベンチタイム

⑤生地をこね板に出し、手のひらでやさしく押してガスを抜きます。8等分します。軽く丸めてふきんをかけて、できるだけ暖かいところ（約25℃）で15〜20分ベンチタイムをとります。

＊冷蔵庫から出したばかりの生地はかたく、いたみやすいので、無理に丸めないようにします。生地ののびが悪いときは、長めにベンチタイムをとります。

ポリ袋を使った場合は、袋いっぱいにふくらみます

STEP 4 〜 STEP 6 ──────────── 成形〜焼く

⑥丸め直します。生地のまわりの温度を35℃くらいに保って30〜50分、1.5倍くらいになるまで第2発酵させます。

＊生地の状態によって、時間はかわります。

⑦オーブンを190℃に温め、12〜13分焼きます。

ゆっくり発酵のポイント

- シンプルな形の、小さめのパンが向く
- ドライイーストは半量に（小さじ1/4の場合はそのまま）
- 第1発酵は、生地を乾燥させないようにして野菜室でひと晩おく
- 第1発酵完了のめやすは、生地の大きさが約2倍になるまで。時間だけで判断せず、生地の大きさを見る
- 生地ののびが悪い場合は、ベンチタイムを長めにとる
- 第2発酵は、生地が約1.5倍になるまで、時間を長めにする

パン作りメモ

コピーするか、パソコンでオリジナルのメモを作りましょう。

パンは粉の状態、気温や湿度、気候によってできあがりがかわってきます。作るたびに、その日の状況、上手にできたところ、できなかったところをメモします。確認しながら何度か作ることで、パン作りがどんどん上達します。

---

bread

Date _____
天気 _____　気温 _____

材料	分量（　個分）	分量（　個分） （変更後）

準備（前日、当日）

こね　　　　　　　　分
memo

第1発酵　　　℃　　分
memo

ベンチタイム　　　℃
　　　　　　　　　　分

第2発酵　　　℃　　分
memo

オーブン温度　　　℃
　　　　　　　　　　分
（予熱にかかった
　　　　時間　　　分）

作り方、ポイント

感想、改善点

できあがりphoto

ベーシックパン

パンオレ

ミルクのやさしい甘さが
ふわっと広がる、
口どけのよいパンです。
形もキュートに仕上げて

● 材料(8個分)

A	強力粉	250g
	ドライイースト	小さじ1
	(ベターホームの天然酵母→p131 なら10g)	
	砂糖	大さじ2
	塩	小さじ2/3
牛乳		170〜180ml
バター		20g
(照り用)牛乳		大さじ1・1/2
(手粉用)強力粉		適量

●準備

バターは室温にもどします。
牛乳は30℃に温めます。

●工程

こね······················10分
第1発酵··········30℃：30～40分
ベンチタイム················10分
第2発酵··········35℃：30～40分
オーブン温度········190℃：13分

ⓐ だ円にのばします

ⓑ 上下を折り、さらに半分に折ります

ⓒ 角をぴんと立てるように切ります

●作り方

STEP 1 ·· 生地作り

①Aを泡立て器で混ぜ、牛乳を加えます。木べらでさっと混ぜてから、手で混ぜます。ひとかたまりになったらこね板に出して、なめらかになるまでこねます。

②生地をボールに戻してバターを加え、手でもみこむように混ぜます。なじんだらこね板に出し、生地のきめが細かくなるまでよくこねます。

③なめらかな面が表に出るように丸めます。合わせ目はつまんでとじ、バター（材料外）を塗ったボールに入れます。

STEP 2 ·· 第1発酵

④生地のまわりの温度を約30℃に保って、30～40分、生地が約2倍になるまで第1発酵させます。

STEP 3 ···················· ガス抜き・分割・ベンチタイム

⑤生地をこね板に出し、手のひらでやさしく押してガスを抜きます。生地を8等分します。だ円形に丸めて合わせ目をとじ、10分ほどベンチタイムをとります。

STEP 4 ·· 成形

⑥生地を12×8cmのだ円形にのばします。ⓐ 上下を中心に向かって折り、ⓑ さらにまん中で半分に折り、合わせ目をとじます。とじ目を下にしてころがし、両端をつまんで木の葉形にします。

12×8cmにのばす　中心に向かって折り、さらに中心で合わせる　両端をつまみ、木の葉形にする

⑦オーブンシートを敷いたオーブン皿に、とじ目を下にして並べます。

STEP 5 ·· 第2発酵

⑧生地のまわりの温度を約35℃に保って、30～40分おき、約1.5倍の大きさになるまで発酵させます。

STEP 6 ·· 焼く

⑨オーブンを190℃に温めます。刷毛で照り用の牛乳を塗り、生地の表面にキッチンばさみで切りこみを入れます。 約13分焼きます。

食パン

LEVEL II

耳はカリッと、中はふんわり、
ボリュームのある食パンです。
よくこねて、しっかりした生地にします

● 材料（19.5×9.5×9.5cmの1斤用食パン型1個分）

A
- 強力粉（パン専用粉*）……………………250g
- ドライイースト……………………………小さじ1
  （ベターホームの天然酵母→p131 なら10g）
- 砂糖………………………………………大さじ1
- 塩………………………………………小さじ2/3
- スキムミルク**（粉末）……………………大さじ2

ぬるま湯……………………………………170～180ml
バター***……………………………………………20g
（手粉用）強力粉……………………………………適量

* たんぱく質の量が多い粉で、ボリュームが出ます。よりたんぱく質の多い最強力粉でも。ボリュームは減りますが、ふつうの強力粉でも作れます。
** スキムミルクはパンの焼き色をよくし、風味や甘味をつけます。ない場合は、ぬるま湯の半量を36～38℃に温めた牛乳にしても。
*** ショートニングにかえると、さくっとした食感になり、形よくできます。

● 準備

生地に入れるバター20gは室温に出します。
型にバター（材料外）を塗ります。

生地がふくらむので、ふちにも塗ります

● 工程

こね………………………………………………15分
第1発酵…………………………30℃：30～40分
ベンチタイム……………………………10～15分
第2発酵………………………36～38℃：50～60分
オーブン温度………200℃：10分＋190℃：25分

● 作り方

STEP 1 ──────────────────────── 生地作り

① Aを泡立器で混ぜ、ぬるま湯を加えます。木べらでさっと混ぜてから、手で混ぜます。ひとかたまりになったらこね板に出して、なめらかになるまでこねます。

② 生地をボールに戻してバターを加え、手でもみこむように混ぜます。なじんだらこね板に出し、生地のきめが細かくなるまでよくこねます。

③ なめらかな面が表に出るように丸めます。合わせ目はつまんでとじ、バター（材料外）を塗ったボールに入れます。

STEP 2 ──────────────────────── 第1発酵

④ 生地のまわりの温度を30℃くらいに保って、30〜40分、生地が約2倍になるまで第1発酵させます。

STEP 3 ──────────── ガス抜き・分割・ベンチタイム

⑤ こね板にとり出し、手で押してガスを抜きます。生地を2等分してそれぞれを表面がなめらかになるように丸めます。ふきんをかぶせて、ベンチタイムを10〜15分とります。

STEP 4 ──────────────────────── 成形

⑥ 生地をめん棒でそれぞれ20×15cmの長方形にのばします。三つ折りにします。向きを90度かえ、さらに20cmにのばし、**a** 手前からふんわりと巻きます。巻き終わりをつまんでしっかりとじ、**b** とじ目が下に、うず巻きの面が横側面にくるように型に並べて入れます。**c d**

のばして、三つ折り

向きをかえ、のばして巻く

とじ目が下に、うず巻きが横になるように入れる

STEP 5 ──────────────────────── 第2発酵

⑦ 生地のまわりの温度を36〜38℃に保って、50〜60分、生地のいちばん高いところが型より1.5cmくらい出るまで発酵させます。**e** ＊型に入れているで、高めの温度にします。

STEP 6 ──────────────────────── 焼く

⑧ オーブンを200℃に温めます。約10分焼き、色づいてきたら、190℃に下げて約25分焼きます。（庫内が広いオーブンの場合は、200℃で約30分焼きます）

めん棒は生地の中心から奥、手前と動かします

つまんでとじます

うず巻きが横側面になるように入れます

第2発酵前

第2発酵後。型から1.5cmくらい出るまでしっかりと発酵させます

アレンジ
ミニ食パン

オーブンが小さくて食パン型で焼けないときは、
パウンド型で作るミニ食パンがおすすめ。
材料は全部半量にします

●作り方
STEP **1** 〜 STEP **3** ──────────── 生地作り〜ベンチタイム
①食パンと同様にします。
STEP **4** 〜 STEP **5** ──────────────── 成形〜第2発酵
②生地をめん棒で15×10cmの長方形にのばし、三つ折りにします。向きを90度かえ、さらに15cmにのばします。続けて、食パンと同様に作ります。
STEP **6** ──────────────────────── 焼く
③オーブンを190℃に温めます。約25分焼きます。

●材料（18×8×6cmの
　　　パウンド型1個分）

A ┬ 強力粉（パン専用粉）
　│　………………125g
　│ ドライイースト
　│　………………小さじ1/2
　│ （ベターホームの
　│　天然酵母→p131 なら5g）
　│ 砂糖………………大さじ1/2
　│ 塩…………………小さじ1/3
　│ スキムミルク（粉末）
　└　………………大さじ1
ぬるま湯……………85〜90ml
バター…………………10g
（手粉用）強力粉……………適量

左：食パン型　右：パウンド型

●準備
バターは室温にもどします。
型にバター（材料外）を塗ります。

食パン生地で作る
マーブルショコラ

LEVEL II

食パンの生地で、
チョコシートを折りこみます。
トーストするとさっくり、
チョコが香ばしい

● 材料(17.5×11×6cmの
　　　パニムール型*2個分)

A
- 強力粉(パン専用粉**)……………250g
- ドライイースト……………………小さじ1
  (ベターホームの天然酵母→p131 なら10g)
- 砂糖………………………………大さじ1
- 塩…………………………………小さじ2/3
- スキムミルク(粉末)………………大さじ2

ぬるま湯……………………………170〜180ml
バター………………………………20g
(手粉用)強力粉……………………適量

〈チョコシート〉
チョコレート(製菓用でなくてもよい)……30g
バター………………………………10g

B
- 砂糖………………………………40g
- ココア……………………………15g
- 薄力粉……………………………15g
- 卵…………………………………1/2個
- 牛乳………………………………大さじ1

ポリ袋(30×25cm)…………………1枚

*ポプラの木から作られた焼き型。敷紙がついているので、そのまま生地を入れて焼けます。18×8×6cmのパウンド型2個でも作れ、その場合は型にバターを塗ります(p33)。
**p33

● 準備

生地用のバター20gは室温にもどします。

● 工程

こね	15分
第1発酵	30℃:30〜40分
ベンチタイム	10〜15分
第2発酵	36〜38℃:30〜40分
オーブン温度	190℃:25分

●作り方

〈チョコシート〉 前日に作っておくとらくです

①チョコレートはあらくきざみます。砂糖、ココア、薄力粉は合わせてふるいます。

②卵はときます。Bを耐熱ボールに入れて混ぜ、 電子レンジでラップなしで約1分（500W）、加熱します。とり出して混ぜ、チョコレートとバターを加えてゴムべらで混ぜます。 チョコレートが溶けたら、さらに約1分加熱します。固まっていなければ、ようすをみながらさらに10秒ずつ加熱します。

泡立て器でよく混ぜます

チョコレートとバターを加えたら、溶けるまでよくなじませます

固まりかけるところまで、ようすを見ながら加熱します

③あら熱がとれたら、30×25cmのポリ袋に入れて（ない場合はラップではさむ）、20cm角にのばします。 冷蔵庫で冷やし固めます。

 生地作り

①Aを泡立て器で混ぜ、ぬるま湯を加えます。木べらでさっと混ぜてから、手で混ぜます。ひとかたまりになったらこね板に出して、なめらかになるまでこねます。

②ボールに戻して生地にバターを加え、手でもみこむように混ぜます。なじんだらこね板に出し、生地のきめが細かくなるまでよくこねます。

③なめらかな面が表に出るように丸めます。合わせ目はつまんでとじ、バター（材料外）を塗ったボールに入れます。

STEP 2 .... 第1発酵

④生地のまわりの温度を約30℃に保って、30～40分、生地が約2倍になるまで第1発酵させます。

STEP 3 .... ガス抜き・分割・ベンチタイム

⑤生地をこね板に出し、手で押してガスを抜きます。2等分してそれぞれを表面がなめらかになるように丸めます。ふきんをかぶせて、ベンチタイムを10～15分とります。

厚みを均等にのばします

STEP 4 .... 成形

⑥ポリ袋の端2辺を切って、チョコシートをとり出します。半分に切ります（暑いときは、使う直前まで冷やしておきます）。

⑦手粉をふり、生地をめん棒で25×20cmにのばします。生地の中央に、チョコシートをのせます。左右の生地をまん中で少し重ね合わせてとじます。上下の端もとじます。

やや生地を引っ張るようにしてとじます

⑧めん棒で30×15cmにのばし、 三つ折りします（1回目）。生地の向きを90度かえて、同様にのばし、三つ折りにします（2回目／生地の扱いがむずかしいので省いても）。生地の向きを90度かえてめん棒で20×10cmにのばし、手前からふんわりと巻きます。巻き終わりをつまんでしっかりとじます。

とじたら、のばします

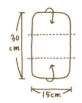

30×15cmにのばし、三つ折り。可能なら、向きをかえてもう一度のばして折る

向きをかえて、さらにのばす

20×10cmにのばし、手前から巻く

生地をつぶさないように、引くように切ります

⑨まな板に移して包丁で2等分にします。 切り口を上にして、型に入れます。 もうひとつも同様に作ります。

STEP 5 ··· 第2発酵

⑩生地のまわりを36～38℃に保って、30～40分、生地のいちばん高いところが型の高さになるまで発酵させます。

＊型に入れているので、高めの温度にします。

ふくらむので、2つの生地は離して入れます

STEP 6 ··· 焼く

⑪オーブンを190℃に温めます。約25分焼きます。

豆乳ブレッチェン

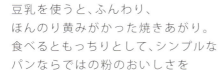

豆乳を使うと、ふんわり、
ほんのり黄みがかった焼きあがり。
食べるともっちりとして、シンプルな
パンならではの粉のおいしさを
味わえます

●材料（6個分）

A ┌ 強力粉·················250g
  │ ドライイースト·················小さじ1
  │ （ベターホームの天然酵母→p131 なら10g）
  │ 砂糖·················小さじ1
  └ 塩·················小さじ1/2
豆乳（成分無調整）·················190〜200ml
（手粉用）強力粉·················適量

●準備
豆乳は室温にもどします。

●工程
こね……………………………10分
第1発酵………30℃：30〜40分
ベンチタイム………………10分
第2発酵………35℃：30〜40分
オーブン温度……190℃：15分

粉をまぶして焼くと、素朴な雰囲気になります

ちぎれそうになる直前まで、ぎゅっと押します

●作り方

STEP 1 ……………………………………………………… 生地作り
①Aを泡立て器で混ぜ、豆乳を加えます。木べらでさっと混ぜてから、手で混ぜます。ひとかたまりになったらこね板に出して、なめらかになるまでこねます。
②なめらかな面が表に出るように丸めます。合わせ目はつまんでとじ、バター（材料外）を塗ったボールに入れます。

STEP 2 ……………………………………………………… 第1発酵
③生地のまわりの温度を30℃前後に保って、30〜40分、生地が約2倍になるまでふくらませます。

STEP 3 ………………………………… ガス抜き・分割・ベンチタイム
④こね板にとり出し、手で押してガスを抜きます。生地を6等分して丸め、とじ目を下にして並べます。ふきんをかけて、約10分ベンチタイムをとります。

STEP 4 ………………………………………………………………… 成形
⑤軽く丸め直し、表面に手粉をまぶします。a 生地の中央をさい箸の太い部分で押さえて、箸を少しころがし、しっかりとみぞをつけます。b オーブンシートを敷いたオーブン皿に並べます。

STEP 5 ……………………………………………………… 第2発酵
⑥生地のまわりの温度を35℃前後に保って30〜40分おき、生地が約1.5倍の大きさになるまで発酵させます。

STEP 6 ……………………………………………………………… 焼く
⑦オーブンを190℃に温めます。約15分焼きます。

成形のアレンジ ❶

同じパンでも、形をかえたり、切りこみをくふうすると、
見た目も味わいもかわります。いろいろ試してみましょう！

パンオレ生地で(p30)……

はりねずみパン

生地を8等分にしてだ円形に丸め、カレンツをつけて目にします。焼く直前に照り用の牛乳を塗り、キッチンばさみで切りこみを入れて"はり"を作ります。

編みパン（三つ編み）

生地を12等分します。30cm長さにのばして、3本を1組にして三つ編みにし、編み終わりはとめます。照り用の牛乳を塗ってスライスアーモンドとグラニュ糖をのせます。

編みパン（リース）

生地を8等分にし、40cm長さにのばします。2本を交差させながら輪にし、端をとめます。照り用の牛乳を塗ります。

本格派のパン

カンパーニュ

LEVEL I

発酵種を使って、ゆっくり発酵させて作るフランスの田舎パン。素朴な味わいです。あまりこねず、歯ぎれのよいパンにします

発酵種

まずは発酵種を作ります。発酵に1時間かかるので、前日にゆっくり発酵(p25)させても。

●材料(1個分)

A ┌ フランスパン専用粉 100g
  └ 砂糖 大さじ1/2

〈イースト液〉

B ┌ ドライイースト 小さじ1/4
  └ ぬるま湯 小さじ1

ぬるま湯 60ml

●作り方

① Bのぬるま湯にドライイーストをふり入れます。よく混ぜて、ドライイーストを溶かします。a
② ボールにAを合わせて、イースト液とぬるま湯を加えます。木べらでさっと混ぜ、さらに手で混ぜます。ひとかたまりになったら、こね板に出して、全体がまとまるまで約5分こねます。丸めて合わせ目をとじ、バター(材料外)を塗ったボールに入れます。b （ゆっくり発酵ならp25）
③ 生地のまわりを約30℃に保ち、約60分、約2倍になるまで発酵させます。c

ぬるま湯に、イーストをふり入れてよく溶かします

発酵前

発酵後

発酵種について
発酵種は、イーストの発酵を妨げる塩を入れずに作るので、生地をじっくりと熟成させることができます。発酵種を使った生地は風味とのびがよくなり、ボリュームが増します。

本こね生地

● 材料（直径20cmの
　　　　バヌトン型1個分）

A ┌ フランスパン専用粉
　│ ……………………100g
　│ 全粒粉……………50g
　└ 塩…………………小さじ1

〈イースト液〉

B ┌ ドライイースト…小さじ1/4
　└ ぬるま湯…………小さじ1

ぬるま湯……………90〜100ml
発酵種（p45）………………全量
（手粉用）フランスパン専用粉
……………………………適量
（手粉用）全粒粉………小さじ1

● 工程

発酵種

こね………………………5分
第1発酵……………30℃：60分

本こね生地

こね………………………3分
第1発酵……………30℃：60分
ベンチタイム……………10分
第2発酵……………30℃：60分
オーブン温度………210℃：30分

● 作り方

STEP 1 ──────────────── 生地作り

① イースト液を作ります。Bのぬるま湯にドライイーストをふり入れます。よく混ぜて、ドライイーストを溶かします。
② ボールにAを合わせます。①とぬるま湯を加え、木べらでさっと混ぜたら、さらに手で混ぜます。ひとかたまりになったら発酵種を加えて混ぜます。**a** こね板に出して、まとまるまで約3分こねます。丸めて、合わせ目をとじます。

STEP 2 ──────────────── 第1発酵

③ とじ目を下にして、バター（材料外）を塗ったボールに入れます。生地のまわりを約30℃に保って約60分、生地が約2倍になるまで第1発酵させます。**b** **c**

STEP 3 ──────────── ガス抜き・ベンチタイム

④ 生地をこね板に出し、手のひらでやさしく押して、ガスを抜きます。軽く丸め直し、ふきんをかけて約10分、ベンチタイムをとります。

a　発酵種と本こね生地を合わせます

b　第1発酵前

c　第1発酵後

STEP **4** .... 成形

⑤バヌトン型に手粉用の全粒粉を小さじ1ほど入れ、型をまわすようにしてたっぷりつけます。 粉ははらわず、型に入れたままにします。

生地がくっつくので、粉をまんべんなく、たっぷりつけます

＊バヌトン型がない場合は、18cmのボールにバターを塗って、全粒粉をふり、生地を入れます。（もようはつきません）

⑥こね板に手粉（フランスパン専用粉）をふり、生地を出します。生地を手のひらでやさしく押して、ガスを抜きます。丸めて、合わせ目をとじます。バヌトン型にとじ目を上にして入れ、 **e** もう一度とじ目をしっかりとじます。

とじ目を上にして入れます

STEP **5** 第2発酵

⑦生地のまわりの温度を30℃前後に保ち、約60分発酵させます。

＊バヌトン型ごとボールに入れ、36〜38℃の湯を入れたボールに浮かべるか、型をポリ袋に入れて、暖かいところに置きます

第2発酵後

STEP **6** .... 焼く

⑧オーブンを2˜0℃に温めます。

⑨生地が型と同じくらいの高さになったら、 生地にオーブンシートをかぶせ、型をひっくり返して生地をとり出し、オーブン皿にシートごとそっとのせます。**g** ナイフや包丁などの刃に水をつけて、生地に10cm長さの十字の切りこみ（クープ）を入れます。**h** 生地のまわりに霧を吹いて、オーブンで約30分焼きます。

ひっくり返して型から出します

バヌトン型

籐製の発酵かご。生地にうず巻きもようがつきます。使ったあとは乾いた刷毛で粉や生地を落とし、乾燥させて保管します。

5mm深さ、10cmくらいの切りこみを、すっと入れます

カンパーニュ生地で作る
カンパーニュ フィグノア

甘いいちじくとカリッとした
くるみのおいしいコンビ。
しっとりした食感になります

●材料（直径20cmのバヌトン型1個分）

A	フランスパン専用粉	100g
	全粒粉	50g
	塩	小さじ1

〈イースト液〉

B	ドライイースト	小さじ1/4
	ぬるま湯	小さじ1

ぬるま湯	90〜100ml
発酵種(p45)	全量
ドライいちじく	40g
くるみ	40g
（手粉用）フランスパン専用粉	適量
（手粉用）全粒粉	小さじ1

● 準備

ドライいちじくはざるに入れて、ぬるま湯をかけます。水気をよくきります。1.5cm角に切ります。
くるみは5mm角に切って、170℃のオーブンで7〜8分焼きます。

● 工程

発酵種
こね ………………………… 5分
第1発酵 ……………… 30℃：60分

本こね生地
こね ………………………… 3分
第1発酵 ……………… 30℃：60分
ベンチタイム ……………… 10分
第2発酵 ……………… 30℃：60分
オーブン温度 ……… 210℃：30分

● 作り方（本こね生地）

STEP 1 ──────────────── 生地作り

①イースト液を作ります。Bのぬるま湯にドライイーストをふり入れます。よく混ぜて、ドライイーストを溶かします。
②ボールにAを合わせます。①とぬるま湯を加え、木べらでさっと混ぜたら、さらに手で混ぜます。ひとかたまりになったら発酵種を加えて混ぜます。こね板に出して、まとまるまで約3分こねます。こねあがったらいちじくとくるみを加えて混ぜます。 a 丸めて、合わせ目をとじます。

STEP 2 ──────────────── 第1発酵

③とじ目を下にして、バター（材料外）を塗ったボールに入れます。生地のまわりを約30℃に保って約60分、生地が約2倍になるまで第1発酵させます。

STEP 3 ──────────── ガス抜き・ベンチタイム

④生地をこね板に出し、生地を手のひらでやさしく押して、ガスを抜きます。軽く丸め直し、ふきんをかけて約10分、ベンチタイムをとります。

STEP 4 ──────────────── 成形

⑤バヌトン型の内側に手粉用の全粒粉小さじ1をふります（p47）。
⑥バヌトン型にとじ目を上にして生地を入れます。とじ目をしっかりとじます。

STEP 5 ──────────────── 第2発酵

⑦生地のまわりの温度を30℃前後に保ち、約60分発酵させます（p47）。

STEP 6 ──────────────── 焼く

⑧オーブンを210℃に温めます。
⑨生地が型と同じくらいの高さになったら、オーブンシートをかぶせ、ひっくり返して生地をとり出します。オーブン皿にシートごとそっとのせます。
⑩ナイフや包丁などの刃に水をつけて、生地に約10cm長さの切りこみ（クープ）を平行に2本入れます。生地のまわりに霧を吹いて、オーブンで約30分焼きます。

アレンジ

フルーツやナッツをかえて、好みのカンパーニュを作れます。具の重さは合わせて80gに。

全粒粉の プチパン

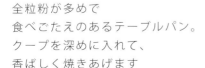

全粒粉が多めで
食べごたえのあるテーブルパン。
クープを深めに入れて、
香ばしく焼きあげます

● 材料（6個分）

A
- 強力粉 ………………………… 200g
- 全粒粉 ………………………… 50g
- ドライイースト ……………… 小さじ1
  （ベターホームの天然酵母→p131 なら10g）
- 砂糖 …………………………… 大さじ1
- 塩 …………………………… 小さじ2/3

ぬるま湯 ……………………… 150〜160ml

（手粉用）全粒粉 ……………………… 適量

● 工程

こね ……………………………10分
第1発酵………30℃：30〜40分
ベンチタイム………………10分
第2発酵………35℃：30〜40分
オーブン温度………190℃：15分

a
茶こしでまんべんなく粉をふります

b
5mm深さくらいの切りこみを入れます

● 作り方

STEP 1 ……………………………………………… 生地作り

①ボールにAを合わせます。ぬるま湯を加え、木べらでさっと混ぜたら、さらに手で混ぜます。ひとかたまりになったら、こね板に出して、なめらかになるまでこねます。丸めて、合わせ目をとじます。

STEP 2 ……………………………………………… 第1発酵

②とじ目を下にして、バター（材料外）を塗ったボールに入れます。生地のまわりを約30℃に保って30〜40分、生地が約2倍になるまで第1発酵させます。

STEP 3 ……………………………… ガス抜き・分割・ベンチタイム

③生地をこね板に出し、生地を手のひらでやさしく押して、ガスを抜きます。6等分にして丸め、ふきんをかけて約10分、ベンチタイムをとります。

STEP 4 ……………………………………………… 成形

④軽く丸め直し、とじ目を下にして、オーブンシートを敷いたオーブン皿に並べます。

STEP 5 ……………………………………………… 第2発酵

⑤生地のまわりを35℃前後に保って、約1.5倍になるまで30〜40分発酵させます。

STEP 6 ……………………………………………… 焼く

⑥オーブンを190℃に温めます。

⑦茶こしで手粉用の全粒粉をふります。a　ナイフや包丁などの刃に水をつけて、生地に切りこみ（クープ）を入れます。b　オーブンで約15分焼きます。

フランスパン

第1発酵を時間をかけて2回行い、
しっとりした生地を作っていきます。
高めの温度で、皮をパリッと
焼きあげましょう

●材料（30cm長さのバタール（太め）1本、
　　　　バゲット（細め）2本分）

A ┌ フランスパン専用粉⋯⋯⋯⋯⋯⋯⋯⋯250g
　│ ドライイースト⋯⋯⋯⋯⋯⋯⋯⋯⋯⋯小さじ1
　│ （ベターホームの天然酵母→p131 なら10g）
　│ 砂糖⋯⋯⋯⋯⋯⋯⋯⋯⋯⋯⋯⋯⋯⋯小さじ1/2
　└ 塩⋯⋯⋯⋯⋯⋯⋯⋯⋯⋯⋯⋯⋯⋯⋯小さじ2/3
ぬるま湯⋯⋯⋯⋯⋯⋯⋯⋯⋯⋯⋯⋯160〜170ml
（手粉用）フランスパン専用粉⋯⋯⋯⋯⋯適量
〈帆布がない場合〉
クッキングシート（バタール用）20×30cm⋯⋯1枚
　　　　　　　　（バゲット用）15×30cm⋯⋯2枚

●工程
こね⋯⋯⋯⋯⋯⋯⋯⋯⋯⋯⋯⋯⋯⋯⋯⋯⋯5分
第1発酵⋯⋯⋯⋯⋯⋯⋯⋯⋯⋯⋯30℃：60分＋
　　　　　　　　　　　　　30℃：40〜50分
ベンチタイム⋯⋯⋯⋯⋯⋯⋯⋯⋯⋯⋯10〜15分
第2発酵⋯⋯⋯⋯⋯⋯⋯⋯⋯室温（25℃）：60分
オーブン温度
　⋯⋯⋯⋯230℃：バゲット15分、バタール20分

●作り方

STEP 1 　　　　　　　　　　　　　　　　　生地作り

①Aを泡立器で混ぜ、ぬるま湯を加えます。木べらでさっと混ぜてから、手で混ぜます。ひとかたまりになったらこね板に出して、まとまるまでこねます。

②なめらかな面が表に出るように丸めます。合わせ目はつまんでとじ、バター（材料外）を塗ったボールに入れます（ゆっくり発酵なら、ここで野菜室に入れます→p25）。

STEP 2 　　　　　　　　　　　　　　　　　第1発酵

③〈1回目〉生地のまわりの温度を30℃前後に保ち、約60分おいて生地を2倍くらいにふくらませます。

④手のひらで生地を軽く押さえて、ガス抜きをします。a　とり出して、側面の生地を下に巻きこむようにして丸めます。合わせ目をとじて、再びボールに入れます。b

＊生地のガスを一度抜くと、発酵する力がさらに強くなります。

⑤〈2回目〉③と同様に、40〜50分おいて2倍くらいになるまで発酵させます。

STEP 3 　　　　　　　　　　　　ガス抜き・分割・ベンチタイム

⑥生地をこね板にとり出し、手で押してガスを抜きます。2等分にして、ひとつはさらに2等分しそれぞれ丸めます。ふきん（または帆布）の上に並べ、ふきんをかけて、10〜15分ベンチタイムをとります。

STEP 4 　　　　　　　　　　　　　　　　　成形

⑦めん棒でバタール（太め）は30×15cm、バゲット（細め）は30×10cmのだ円形にのばします。半分に折り、さらに下から上へ折り返します。手の平のふくらんだところでとじ目をぎゅっと押し、表面を張らせます。c　両手で約28cm長さになるまでころがします。

＊合わせ目をきつくしっかり締め、生地をピンと張ると、焼いたときにきれいなクープ（切りこみ）が出ます。

しっかり発酵した生地をそっと押して、ガス抜きします

表面にハリが出るように、上から下に巻きこみます

生地の重なっているところを手首でこね板に押しつけ、手前に引くようにとじて、生地をぷっくりと張ります

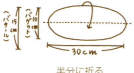
半分に折る

下から上へ折り、しっかりとじる

STEP 5 ……………………………………………… 第2発酵

⑧生地のとじ目を下にして、クッキングシートに1本ずつのせます。形を保たせるために、オーブン皿の端にそれぞれ寄せ、のせます。シートで生地を包むように、洗濯ばさみでシートの両端をそれぞれとめます。 ふきんをかけて室温（約25℃）で約60分、ひとまわり大きくなるまで発酵させます。

＊帆布があるときは、帆布でうねを作り生地を並べます。発酵が終了したら、30cm長さの薄い板やアルミホイルで包んだボール紙に手粉をふって、生地をころがすようにとり出してのせて、オーブンシートを敷いたオーブン皿に移します。

STEP 6 ……………………………………………… 焼く

⑨オーブンを230℃（温度の下がりやすいオーブンは高めに）に予熱します。

⑩洗濯ばさみをはずして、シートの余分をキッチンばさみで切り、シートを広げます。包丁やナイフなどの刃に水をつけ、バタール（太め）には斜めに3本、バゲット（細め）には縦に1本、切りこみ（クープ）を入れます。

⑪生地に霧吹きで霧を吹き、230℃のオーブンでバゲット（細め）は約15分、バタール（太め）は約20分焼きます。

＊霧を吹いて高温で焼くと、パリッと焼けます。

生地が横に広がりすぎないように、形を保ちながら発酵させます

第2発酵は、温度、湿度ともふつうのパンより低めにします。発酵前と比べて、ひとまわり大きくなるくらいまで

よく切れる包丁だと、すっと入れられます

🍴 おいしい食べ方 🍴

ミルクフランス

細めのバゲットに
甘いクリームをはさむと、
おいしいおやつになります

バター（食塩不使用）50gを室温にもどし、ゴムべらでやわらかくします。粉糖20g、練乳25gを加えてよく混ぜます。

好みで、ココアやラム酒に漬けたレーズンを加えてもおいしい。

おいしい食べ方

フランスパンで作ろう

フランスパンが残ってかたくなったとき、
食べきれないときにおすすめの活用法です

ラスク

自家製のラスクはかんたんに作れます。2度焼きするので、さくさくの食感。
しけないように保存すれば、1週間ほどもちます。

プレーンシュガー

●材料（約5枚分）
フランスパン……………1/4本
グラニュ糖………………大さじ1
バター………………………10g

黒糖

●材料（約5枚分）
フランスパン……………1/4本
黒糖（粉末）………………大さじ1
バター………………………10g

チーズペッパー

●材料（約5枚分）
フランスパン……………1/4本
粉チーズ…………………大さじ1
黒こしょう
（あらびきがおいしい）……少々
バター………………………10g

●作り方
①オーブンは160℃に温めます。フランスパンは、5〜6mm厚さに切ります。
②バターを室温にもどし、フランスパン以外の材料を混ぜます（ラスクバター）。
③オーブン皿にフランスパンを並べ、160℃のオーブンで約10分焼いて、カリッとするまで乾燥させます。
④ラスクバターをフランスパンの表面に塗り、もう一度160℃のオーブンで10〜15分焼きます。

ハーブトースト

フランスパンは、縦切りにして見た目よく、ボリュームを出します。ハーブの代わりに、みじん切りにしたアンチョビでも。

●材料(4本分)
フランスパン……………1/2本
オリーブ油……………小さじ1
好みのドライハーブ………適量

●作り方
①フランスパンは、縦4等分にします。
②切り口にオリーブ油をたらして塗ります。
③ドライハーブをのせて、オーブントースターで焼き色がつくまで焼きます。

にんにくのスープ

パンとベーコンをいためた、にんにくたっぷりのスープ。

●材料(2人分)
ブロッコリー……………50g
グリーンアスパラガス
　　　……………2本(40g)
たまねぎ……………1/4個(50g)
フランスパン……………30g
にんにく……………2片(20g)
ベーコン……………40g
オリーブ油……………大さじ2
A ┌ 水……………カップ2
　├ スープの素……小さじ1
　└ 黒こしょう……少々

●作り方
①ブロッコリーはあらくきざみます。アスパラガスは小口切り、たまねぎはあらみじん切りにします。ベーコンは5mm幅に切ります。フランスパンはひと口大、にんにくは薄切りにします。
②鍋にオリーブ油とにんにくを入れ、弱火で薄く色がつくまでいためます。たまねぎを加え、しんなりするまでいためます。
③フランスパンを加え、オリーブ油をなじませます。ブロッコリーとアスパラガス、ベーコンを加え、軽くいためます。
④Aの水を加え、沸とうしたらスープの素を加えます。野菜がやわらかくなるまで3〜4分煮て、こしょうで味をととのえます。

フランスパン生地で作る
くるみとオリーブ のリュスティック

フランスパン初心者なら、生地を切るだけの、成形いらずのリュスティックがおすすめ。くるみとオリーブが大人っぽい組み合わせです

● 材料（6個分）

A	フランスパン専用粉 …………… 250g
	ドライイースト …………… 小さじ1
	（ベターホームの天然酵母→p131 なら10g）
	砂糖 …………… 小さじ1/2
	塩 …………… 小さじ2/3

ぬるま湯 …………… 160〜170ml
くるみ …………… 40g
黒オリーブ（種なし・スライス） …………… 40g
（手粉用）フランスパン専用粉 …………… 適量

●準備

くるみは7〜8mm角に切り、170℃のオーブンで7〜8分焼きます。

●工程

こね……………………………5分
第1発酵……………30℃:60分＋
　　　　　　　30℃:40〜50分
ベンチタイム………………10分
第2発酵………室温(25℃):60分
オーブン温度………230℃:15分

a こねあがったら、具を混ぜます

b 大まかに、ざくっと切ります

●作り方

STEP 1 ……………………………………………… 生地作り

① Aを泡立器で混ぜ、ぬるま湯を加えます。木べらでさっと混ぜてから、手で混ぜます。ひとかたまりになったらこね板に出して、まとまるまでこねます。こねあがったらくるみとオリーブを加えて混ぜます。a

② なめらかな面が表に出るように丸めます。合わせ目はつまんでとじ、バター(材料外)を塗ったボールに入れます。(ゆっくり発酵なら、ここで野菜室に入れます→p25)

STEP 2 ……………………………………………… 第1発酵

③ 〈1回目〉生地のまわりの温度を30℃前後に保ち、約60分おいて生地を2倍くらいにふくらませます。

④ 手のひらで生地を軽く押さえて、ガスを抜きます。とり出して、側面の生地を下に巻きこむようにして丸めます(p54)。

⑤ 〈2回目〉合わせ目をとじて再びボールに入れ、③と同様に、40〜50分おいて約2倍になるまで発酵させます。

STEP 3 ……………………………… ガス抜き・分割・ベンチタイム

⑥ 生地をこね板にとり出し、手で押してガスを抜きます。丸めて合わせ目をとじます。ふきん(または帆布)の上に並べ、ふきんをかけて約10分ベンチタイムをとります。

STEP 4 ……………………………………………… 成形

⑦ めん棒で生地を15×20cmにのばし、6等分します。b オーブン皿にオーブンシートを敷き、生地を並べます。

＊切り口はさわらないようにします。

STEP 5 ……………………………………………… 第2発酵

⑧ 室温(約25℃)で、ひとまわり大きくなるまで約60分発酵させます。

STEP 6 ……………………………………………… 焼く

⑨ オーブンを230℃に予熱します。ナイフや包丁などの刃に水をつけ、切りこみ(クープ)を斜めに1本入れます。生地に霧吹きで霧を吹きかけて、約15分焼きます。

ベーコンエピ

生地でベーコンを包み、
麦の穂をかたどったパン。
香ばしい生地の中から、
うま味がじんわり出てきます

● 材料（2本分）

A ┌ フランスパン専用粉⋯⋯⋯⋯⋯⋯⋯⋯150g
　│ ドライイースト⋯⋯⋯⋯⋯⋯⋯⋯⋯小さじ1/2
　│ （ベターホームの天然酵母→p131 なら5g）
　│ 砂糖⋯⋯⋯⋯⋯⋯⋯⋯⋯⋯⋯⋯⋯小さじ1/2
　└ 塩⋯⋯⋯⋯⋯⋯⋯⋯⋯⋯⋯⋯⋯⋯小さじ1/2
ぬるま湯⋯⋯⋯⋯⋯⋯⋯⋯⋯⋯⋯90～100ml
ベーコン⋯⋯⋯⋯⋯⋯⋯⋯⋯⋯⋯⋯⋯⋯2枚
黒こしょう⋯⋯⋯⋯⋯⋯⋯⋯⋯⋯⋯⋯⋯少々
（手粉用）フランスパン専用粉⋯⋯⋯⋯⋯適量

● 工程

こね	5分
第1発酵	30℃：60分
ベンチタイム	10分
第2発酵	室温(25℃)：60分
オーブン温度	220℃：15分

ベーコンを生地のまん中に置いて、こしょうをふります

ベーコンを包むように中心を合わせて、半分に折ります

合わせ目をとじて、ころがします

先をとがらせるように形作ると、かっこいい

● 作り方

STEP 1 .... 生地作り

① Aを泡立器で混ぜ、ぬるま湯を加えます。木べらでさっと混ぜてから、手で混ぜます。ひとかたまりになったらこね板に出して、まとまるまでこねます。

② なめらかな面が表に出るように丸めます。合わせ目はつまんでとじ、バター（材料外）を塗ったボールに入れます。

STEP 2 .... 第1発酵

③ 生地のまわりの温度を30℃前後に保ち、約60分おいて生地を2倍くらいにふくらませます。

STEP 3 .... ガス抜き・分割・ベンチタイム

④ 生地をこね板にとり出し、手で押してガスを抜きます。2等分にしてだ円形に丸めます。ふきん（または帆布）の上に並べ、ふきんをかけて、約10分ベンチタイムをとります。

STEP 4 .... 成形

⑤ めん棒で、長さはベーコンと同じくらい、幅は2～3cm広くのばします。折りやすいように中央をややへこませ、ベーコンをのせてこしょうをふります。a 両端の生地を中心に向けて折り、ベーコンにかぶせます。b さらに半分に折り、合わせ目をとじます。両手でころがして棒状にします。c

STEP 5 .... 第2発酵

⑥ オーブンシートを敷いたオーブン皿にとじ目を下にして生地をのせます。室温（約25℃）で、1.5倍くらいの大きさになるまで、約60分発酵させます。

STEP 6 .... 焼く

⑦ オーブンを220℃に予熱します。

⑧ キッチンばさみで生地をはさむように一気に切ります。切り離す手前まで深く4～5cm間隔で切りこみを入れながら、左右交互にふり分けていきます。d

⑨ 生地に霧吹きで霧を吹き、オーブンで約15分焼きます。

フーガス

フーガスは、葉っぱをかたどった
南仏のパン。
ラタトゥイユとキリッとした
白ワインを合わせて、
休日のブランチはいかが

● 材料（4枚分）

A	フランスパン専用粉……250g
	ドライイースト……小さじ1
	（ベターホームの天然酵母→p131 なら10g）
	砂糖……大さじ1/2
	塩……小さじ1

ぬるま湯……160〜170ml
オリーブ油……大さじ1
黒オリーブ*（種なし・スライス）……30g
グリーンオリーブ*（種なし・スライス）……30g
（手粉用）フランスパン専用粉……適量
＊どちらか1種類のときは、60g入れます。

● 工程

こね……………………………5分
第1発酵………………30℃：60分
ベンチタイム………………10分
第2発酵
　　………室温（約25℃）：30分
オーブン温度……210℃：18分

a オリーブをのせて、生地をかぶせます

b 焼くと穴が小さくなるので、大きめに広げます

● 作り方

STEP **1** ……………………………………………… **生地作り**

①Aを泡立器で混ぜ、ぬるま湯とオリーブ油を加えます。木べらでさっと混ぜてから、手で混ぜます。ひとかたまりになったら、こね板に出して、まとまるまでこねます。

②なめらかな面が表に出るように丸めます。合わせ目はつまんでとじ、オリーブ油（材料外）を塗ったボールに入れます。

STEP **2** ……………………………………………… **第1発酵**

③生地のまわりの温度を30℃前後に保ち、約60分おいて生地を2倍くらいにふくらませます。

STEP **3** ………………………… **ガス抜き・分割・ベンチタイム**

④生地をこね板にとり出し、手で押してガスを抜きます。4等分にして丸めます。ふきんをかけてベンチタイムを約10分とります。

STEP **4** ……………………………………………… **成形**

⑤生地をめん棒で直径20cmの円形にのばします。横半分にオリーブの1/4量をのせ、生地をかぶせます。**a**　合わせ目をとじます。めん棒でのばし、木の葉形にします。4枚作ります。

⑥葉脈になる切りこみを入れます。ケーキカードやスケッパーで切りこみを少し入れ、キッチンばさみで切ります。切りこみを指で広げます。**b**

STEP **5** ……………………………………………… **第2発酵**

⑦オーブンシートを敷いたオーブン皿に生地をのせます。ひとまわり大きくなるまで室温（約25℃）で約30分発酵させます。

STEP **6** ……………………………………………… **焼く**

⑧オーブンを210℃に温めます。約18分焼きます。

ベーグル

焼く前にゆでることで生まれる
パリッとした皮と、もっちりとした
引きのある歯ごたえが特徴。
バリエーションも楽しめます

●材料（4個分）

A
- 強力粉..................250g
- ドライイースト..................小さじ1
- （ベターホームの天然酵母→p131 なら10g）
- 砂糖..................大さじ1
- 塩..................小さじ1

ぬるま湯..................160〜170ml
（手粉用）強力粉..................適量

〈トッピング〉
いりごま（白）..................小さじ1
けしの実..................小さじ1

●工程

こね……………………10分
第1発酵………30℃：30〜40分
ベンチタイム………………10分
第2発酵
　　…室温(約25℃)：30〜40分
オーブン温度……210℃：15分

だ円形にして、ベンチタイムをとります

上下にころがしながら、太さが均一になるように左右に引っ張りながらのばします。のびないときは、やすませて

片方の端を薄くのばします

のばした生地をかぶせて輪にします

●作り方

STEP 1 ……………………………………………………… 生地作り

①Aを泡立器で混ぜ、ぬるま湯を加えます。木べらでさっと混ぜてから、手で混ぜます。ひとかたまりになったらこね板に出して、なめらかになるまでこねます。

②なめらかな面が表に出るように丸めます。合わせ目はつまんでとじ、バター(材料外)を塗ったボールに入れます。

STEP 2 ……………………………………………………… 第1発酵

③生地のまわりを約30℃に保ち、生地が2倍くらいになるまで30〜40分発酵させます。

STEP 3 ……………………………… ガス抜き・分割・ベンチタイム

④生地をこね板にとり出し、手で押してガスを抜きます。4等分し、だ円形に丸めます。とじ目を下にして並べ、ふきんをかけてベンチタイムを約10分とります。**a**

STEP 4 ………………………………………………………… 成形

⑤生地をめん棒で15×10cmにのばします。

⑥上下を中心に向かって折り、さらに半分に折って、合わせ目をしっかりとじます。とじ目を下にして両手でころがすように、25cm長さの棒状にのばします。**b**

⑦片方の端をめん棒で薄く平らにします。**c**　もう一方の端は、少しころがして細くします。

⑧平らにしたほうを、細くしたほうにかぶせるように輪にします。**d**　裏に返してつなぎ目をしっかりとじます。

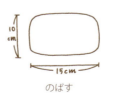

のばす

中心で合わせ、さらに半分に折る

太さを均一にして25cmにのばす

裏に返して輪にし、離れないように合わせ目をとじる

●作り方

とじ目を下にして、第2発酵させます

ひとまわり大きくさせます

とじ目を上にして入れ、とじ目がはずれないように、そっと返します

STEP 5 ··· 第2発酵

⑨とじ目を下にしてふきん(または帆布)に並べ、ふきんをかけて、室温(約25℃)でひとまわり大きくなるまで、30〜40分発酵させます。**e** **f**

STEP 6 ··· ゆでる・焼く

⑩鍋に約2ℓの湯(材料外)を沸とうさせます。オーブンを210℃に予熱します。

⑪沸とうした湯に砂糖大さじ2(材料外)を入れて溶かします。火を弱め、とじ目を上にして生地を静かに入れます。30秒ほどゆで、裏に返してさらに約30秒ゆでます。**g**

⑫オーブンシートを敷いたオーブン皿に、⑪を水気をきって、とじ目を下にして並べます。ベーグル2つに、それぞれごま、けしの実をふります。**h**

⑬210℃のオーブンで約15分焼きます。

たっぷりふるとおいしい

おいしい食べ方

ベーグルの サーモンサンド

ベーグルはクリームチーズと相性抜群。スモークサーモンや好みの野菜をはさんで

ベーグルを横半分に切って、下半分にやわらかくしたクリームチーズ20gを塗ります。レタス1/2枚、スモークサーモン2枚をのせ、輪切りにしたたまねぎ、ケイパー5gをのせます。上半分をのせます。

🍴 おいしい食べ方

ベーグル＋クリームチーズディップ

ベーグルによく合う、クリームチーズディップです

パンプキンクリームチーズ

かぼちゃ100gにラップをかけて、電子レンジで約3分加熱します。皮を除いてつぶし、クリームチーズ50g、はちみつ小さじ1を混ぜます。レーズンを入れても。

クリームチーズは、室温にもどしてやわらかくするか、電子レンジで約20秒（500W）加熱して、ゴムべらで練ります

メープルウォルナッツクリームチーズ

くるみ15gは3mm角にきざみ、170℃のオーブンで7〜3分焼きます。クリームチーズ50g、メープルシロップ大さじ1と混ぜます。

ブルーベリークリームチーズ

クリームチーズ50gに、ブルーベリージャム20g、レモン汁小さじ1を混ぜます。

ベーグルバリエーション

ベーグルの生地に、具を混ぜこむだけで、
いろいろな味わいが楽しめます

A 生地に具を混ぜる場合

ベーグル生地がこねあがったら、具を混ぜます。第1発酵させます。

B クリームや具を巻きこむ場合の成形

ベンチタイム後、生地を25×10cmにのばし、端1.5cmをあけ、クリームを塗ります。

手前からしっかり巻き、クリームが出ないように巻き終わりをしっかりとじます。

具を混ぜる場合　Aの方法で作ります

ブルーベリー

生地がこねあがったら、ブルーベリーを混ぜます

基本の
ベーグル生地
（p64）
＋
ドライブルーベリー
40g
ぬるま湯でもどして、
水気をきる

くるみマロン

生地がこねあがったら、くるみと栗を混ぜます

基本の
ベーグル生地
（p64）
＋
くるみ
20g
6〜7mm角に切り、
170℃のオーブンで
7〜8分焼く
＋
栗の甘露煮
（渋皮煮でも）30g
汁気をきって、
6〜7mm角に切る

具を巻きこむ場合　Bの方法で作ります

ココア＆オレンジクリーム

成形するときに、オレンジクリームを
1/4量ずつ塗ります。

ココアの
ベーグル生地
（基本のベーグル生地の
強力粉にココア大さじ1を
加えてこねる）
＋
オレンジクリーム
70g
クリームチーズ50g＋
オレンジピール20g＋
砂糖小さじ1

クロワッサン

焼きたてのクロワッサンは、格別の味。
バターが溶け出さないように、
生地を冷やしながら作るのがコツです

●材料（7個＋ミニ2個分）

A
- 強力粉 ………………………………………… 100g
- 薄力粉 ………………………………………… 100g
- ドライイースト ……………………… 小さじ1/2
 （ベターホームの天然酵母→p131 なら5g）
- 砂糖 …………………………………………… 大さじ1
- 塩 ……………………………………………… 小さじ2/3

卵1/2個＋ぬるま湯 …… 合わせて110〜120ml
バター（生地用）…………………………………… 10g
バター（食塩不使用・折りこみ用）………… 100g
（照り用）卵1/2個＋水大さじ1/2
（手粉用）強力粉 ………………………………… 適量
ポリ袋（30×20cm）……………………………… 2枚

●準備

卵と生地用のバターは室温にもどします。
折りこみ用のバターは約1cm厚さに切ります。 a

1箱が200gのバターなら、半分の100gにし、厚みを半分にして2枚にします

●工程

こね ……………………………………………… 10分
第1発酵 ……………………………… 30℃：30〜40分
ベンチタイム ……………………………… 冷蔵庫で10分
第2発酵 ………………………………… 30℃：30分
オーブン温度 ………… 240℃：4分＋200℃：14分

● 作り方

〈折りこみ用シートバター〉 前日に作っておいても

バターをシート状に作ります。折りこみ用のバターを30×20cmのポリ袋（またはラップ）に並べて入れます。めん棒で押しながらやわらかくし、18cm角にのばします。 冷蔵庫で冷やします。

バターが溶けないように。やわらかくなりすぎたら、冷蔵庫に少し入れてかたくします

STEP 1　　　　　　　　　　　　　　　　　生地作り

①ボールにAを合わせます。とき卵とぬるま湯を合わせ、Aに加えます。木べらでさっと混ぜてから、手で混ぜます。ひとかたまりになったらこね板に出して、なめらかになるまでこねます。

②生地をボールに戻して、室温にもどした生地用のバターを加えます。生地にもみこみ、再びこね板に出してなめらかになるまでこねます。

③なめらかな面が表に出るように丸めます。合わせ目はつまんでとじ、バター（材料外）を塗ったボールに入れます。

STEP 2　　　　　　　　　　　　　　　　　第1発酵

④生地のまわりを30℃前後に保ち、約2倍になるまで30～40分発酵させます。

折りこみ用のバターは、角が生地の一辺のまん中にくるように置きます

STEP 3　　　　　　　　　　　ガス抜き・分割・ベンチタイム

⑤生地をこね板に出します。手で押してガスを抜きます。めん棒で約25×17cmの長方形にのばし、ラップで包むかポリ袋に入れて、冷蔵庫で約10分冷やします。

＊バターを包むので、冷蔵庫でベンチタイムをとります。

バターが出ないように、しっかり包みます

STEP 4　　　　　　　　　　　　　　　　　　成形

⑥こね板に手粉をふり、⑤をめん棒で25cm角にのばします。折りこみ用シートバターのポリ袋を切り開き、バターを写真のようにのせます。 生地でバターを包み、合わせ目をとじます。

角をきちんと出し、厚みを均一にのばすのがポイント

⑦手粉をふって、生地をめん棒で40×20cmにのばします。余分な粉は乾いた刷毛ではらい、三つ折りにし、ラップで包むか、ポリ袋に入れて冷蔵庫で約15分やすませます。

＊横幅を20cmにのばしてから、生地を表裏に返しながら縦にのばすとやりやすい。

＊バターが溶け出してきたら、すぐ冷蔵庫でやすませます。冷やしすぎるとのばしにくくなるので、バターが落ち着く程度にします。

余分な粉をはらって、三つ折りにします

⑧生地を90度回転させて同様にのばし、三つ折りにします。もう一度三つ折りにし、合計3回三つ折りにします。
⑨生地をポリ袋に入れるか、ラップで包んで冷蔵庫で約15分やすませます。

トレーを冷やしておき、生地をのせると早く冷えます。やすませるときは、三つ折りの回数をメモしておきましょう

⑩生地をめん棒で18×32cmにのばし、底辺8cmの二等辺三角形を7つとります。7つの二等辺三角形と、小さい三角形2つができます。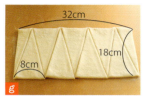

切る前に印をつけて、パイカッターで一気に切ります。包丁で切るときは、まな板に移して

⑪三角形の底辺を手前にし、頂点に向かってめん棒で約25cmにのばします。底辺は左右に約12cmに少しのばします。 底辺の中心に1cm長さの切りこみを入れ、三角形の頂点に向かって巻きます。　小さな三角形も少しのばして同様に巻きます。巻き終わりを下にして形を整え、オーブン皿に並べます。（くっつく心配がないので、オーブンシート不要）

頂点に向かってのばします

切りこみを入れて、巻きます

＊オーブン皿にのりきらないときは→p141。

STEP 5 ───────────── 第2発酵

⑫生地のまわりの温度を約30℃に保ち、約30分、層がふっくら見えるまで発酵させます。

＊バターが溶け出さないように、低めの温度です。

STEP 6 ───────────── 焼く

⑬オーブンは240℃に温めます。照り用の卵と水を混ぜ、ざるでこします。

⑭生地の表面に照り用卵を刷毛でそっと塗り、240℃のオーブンで約4分焼きます。200℃に下げて、約14分焼きます。

第2発酵前

第2発酵後

照り用卵はこします

デニッシュ

さくさくのデニッシュ生地に、
ヨーグルトチーズクリームと
フルーツの組み合わせが絶品です

●材料（8個分）

A
- 強力粉……100g
- 薄力粉……100g
- ドライイースト……小さじ1/2
  （ベターホームの天然酵母→p131 なら5g）
- 砂糖……大さじ2
- 塩……小さじ1/2

卵1/2個+ぬるま湯……合わせて110〜120ml
バター（生地用）……10g
バター（食塩不使用・折りこみ用）……100g
（照り用）卵1/2個+水大さじ1/2
（手粉用）強力粉……適量
ポリ袋（30×20cm）……2枚

〈トッピング〉
りんご……1/4個
　レモン汁……少々
　グラニュ糖……小さじ1/4
バナナ（1cm幅の輪切り）……3切れ
　レモン汁……少々
ダークチェリー（缶詰）……6個
ほかに、あんずの缶詰、プルーン、栗の甘露煮
キウイフルーツ、オレンジなど
（照り用）あんずジャム大さじ1+
　　　　　　　　　　　　ブランデー大さじ1/2

〈ヨーグルトチーズクリーム〉
クリームチーズ……70g
グラニュ糖・プレーンヨーグルト
　　　　　　　　　　　……各大さじ2

●準備

卵と生地用のバターは室温にもどします。
折りこみ用のバターは約1cm厚さに切ります(p71)。
クリームチーズは室温にもどします。

●工程

こね……………………………………10分
第1発酵……………………30℃：30〜40分
ベンチタイム…………………冷蔵庫で10分
第2発酵………………………30℃：30分
オーブン温度…………240℃：4分＋200℃：14分

●作り方

〈折りこみ用シートバター〉　前日に作っておいても(p72)

　バターをシート状に作ります。折りこみ用のバターをポリ袋に並べて入れます。めん棒で押しながらやわらかくし、18cm角にのばします。冷蔵庫で冷やします。

〈ヨーグルトチーズクリーム〉

　クリームチーズはゴムべらでやわらかく練り、グラニュ糖を加えて混ぜます。ヨーグルトを混ぜます。

チーズをやわらかくしてから、混ぜます

〈トッピング〉

　バナナは変色止めにレモン汁をかけます。りんごは4つ割りにして芯を除き、皮つきのまま薄切りにし、レモン汁をかけます。キウイは皮をむき、オレンジとともに5mmの輪切りにします。缶詰のフルーツ類は汁気をきります。

STEP 1　　　　　　　　　　　　　　　　　　　生地作り

①ボールにAを合わせます。とき卵とぬるま湯を合わせ、Aに加えます。木べらで混ぜてから手で混ぜます。ひとかたまりになったらこね板に出して、なめらかになるまでこねます。

②生地をボールに戻して、室温にもどした生地用のバターを加えます。生地にもみこみ、再びこね板に出してなめらかになるまでこねます。

③なめらかな面が表に出るように丸めます。合わせ目はつまんでとじ、バター（材料外）を塗ったボールに入れます。

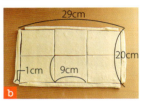
生地をカットしたところ

STEP 2　　　　　　　　　　　　　　　　　　　第1発酵

④生地のまわりを30℃前後に保ち、約2倍になるまで30〜40分発酵させます。

STEP 3　　　　　　　　　　　　　ガス抜き・ベンチタイム

⑤こね板に手粉をふって、生地をとり出し、手で押してガスを抜きます。めん棒で約25×17cmの長方形にのばし、ポリ袋に入れるかラップで包んで、冷蔵庫で約10分冷やします。

角に卵を塗り、折ります

STEP 4　　　　　　　　　　　　　　　　　　　　　　成形

⑥こね板に手粉をふり、⑤をめん棒で25cm角にのばします。折りこみ用シートバターのポリ袋を切り開き、バターをのせます。生地でバターを包みます。

⑦めん棒で20×40cmにのばします。余分な粉は乾いた刷毛ではらい、クロワッサン（p72）と同様に3回三つ折りにします。

⑧生地をポリ袋に入れるか、ラップで包んで冷蔵庫で約15分やすませます。

⑨照り用の卵と水を混ぜ、ざるでこします。

⑩生地をめん棒で20×29cmの長方形にのばします。生地の端を1cmずつ4辺切りとり、とりおきます。残りは9cm角の正方形6つに切ります。 b

⑪正方形の生地3枚は、4つの角に照り用卵を塗り、折り返して中心につけます。 c

⑫残りの正方形は、端から1.5cm内側に、向かい合わせの角2つは切り離さないようにして、4辺に切りこみを入れます。切りこみの内側に照り用卵を塗り、切りこみを入れた辺を折り上げて交差させ、下の生地につけます。 d e

⑬とりおいた生地の端をねじりながら、長いものと短いものをつなげてうず巻き状にゆるく巻き、オーブン皿に置きます。
　　f 　端は生地の下に入れます。2つ作ります。

⑭⑪～⑬に、クリームとフルーツをのせます。 g

STEP 5　　　　　　　　　　　　　　　　　　　　　第2発酵

⑮生地のまわりの温度を30℃くらいに保ち、約30分おいて、層がふっくら見えるまで発酵させます。

＊オーブン皿にのりきらないときは→p141

STEP 6　　　　　　　　　　　　　　　　　　　　　　焼く

⑯オーブンは240℃に温めます。生地の表面に、照り用卵を刷毛でそっと塗ります。切り口には塗らないように注意します。
　　h 　りんごには、グラニュ糖をかけます。

⑰240℃のオーブンで約4分焼きます。200℃に下げて、約14分焼きます。

⑱照り用のあんずジャムとブランデーを混ぜます。焼きあがりに塗ります。

2点は切り離さないように切りこみを入れます

持ち上げて、交差させます

ねじりながら、形作ります

クリームをのせて、フルーツをのせます

照り用卵をそっと塗ります

オレンジ
ブリオッシュ

バターたっぷりのリッチな
オレンジ風味のブリオッシュ。
マカロン生地をのせて、表面は
カリッと焼きあげます。
お菓子のような、ぜいたくな味わい

●作り方

STEP 1 ……………………………………………… 生地作り

①ボールにAを合わせます。とき卵と卵黄、オレンジジュースを合わせ、Aに加えます。木べらでさっと混ぜてから、手で混ぜます。ひとかたまりになったらこね板に出して、なめらかになるまでこねます。

＊バターを入れる前は、いつもよりかための生地です。

②生地をボールに戻して、室温にもどしたバターを加えます。生地に手早くもみこみ（バターの量が多いため、溶けてくると生地がべたべたになります。2〜3回に分けて混ぜても）、バターがなじんだら、再びこね板に出してなめらかになるまでこねます。こねあがったら、オレンジピールをまんべんなく混ぜます。

まんべんなく混ぜます

＊生地がどうしてもまとまらないときは、手粉をつけます。

③なめらかな面が表に出るように丸めます。合わせ目はつまんでとじ、バター（材料外）を塗ったボールに入れます。

第1発酵前

●材料（8個分）

A
- 強力粉……………………………………200g
- ドライイースト……………………小さじ1
- （ベターホームの天然酵母→p131 なら10g）
- 砂糖……………………………………大さじ2
- 塩………………………………………小さじ1/2

卵1個＋卵黄1個分＋オレンジジュース
　………………………………合わせて100〜110ml
バター……………………………………………50g
オレンジピール（カット）……………………40g
（手粉用）強力粉………………………………適量

〈マカロン生地〉
- アーモンドプードル………………………40g
- 粉糖……………………………………………40g
- 卵白……………………………………………1個分
- 水……………………………………小さじ1/2〜1
- 粉糖……………………………………………大さじ1
- 直径10cmのアルミケース…………………8個

●準備

卵とバターは室温にもどします。
オレンジジュースは室温にもどします。

●工程

こね………………………………………………10分
第1発酵……………………………30℃：30〜40分
ベンチタイム……………………………………10分
第2発酵……………………………35℃：30〜40分
オーブン温度……………………………190℃：15分

STEP 2 ──────────────────────── 第1発酵

④生地のまわりを約30℃に保ち、1.5倍くらいになるまで30〜40分発酵させます。

〈マカロン生地〉

マカロン生地を作ります。アーモンドプードルと粉糖40gを合わせて混ぜます。2〜3回に分けて卵白を加えて混ぜ、ゴムべらですくって、ポタッと落ちるくらいのかたさにします（卵白は残ってもかまいません）。かたいようなら、水を少しずつ加えて混ぜます。**c d** 使うまで、室温におきます。

卵白は少しずつ混ぜます

STEP 3 ──────────────── ガス抜き・分割・ベンチタイム

⑤生地をこね板にとり出し、手で押してガスを抜きます。8等分して丸め、ふきんをかけて約10分ベンチタイムをとります。

STEP 4 ──────────────────────── 成形

⑥オーブン皿にアルミケースを並べ、生地を軽く丸め直して入れます。**e**

ポタッと落ちるくらいに

STEP 5 ──────────────────────── 第2発酵

⑦生地のまわりを35℃前後に保って、1.5倍くらいになるまで30〜40分発酵させます。

＊卵やバターが多いので、ふくらみは小さめです（型よりひとまわり小さいくらい）。

STEP 6 ──────────────────────── 焼く

⑧オーブンを190℃に予熱します。

⑨⑦にマカロン生地をのせて広げ、粉糖を茶こしでふります。**f g** オーブンで約15分焼きます。

ケースに入れると、きれいな形で焼けます

焼く直前にマカロン生地をのせます

粉糖をふると、カリッとした焼きあがりになります

パネトーネ

ワイン風味のクランベリーに、
彩りのピスタチオ、
甘いホワイトチョコを
混ぜこみました。
ちょっと大人のクリスマスパンです

●材料(直径9cmのパネトーネ型2個分)

A	強力粉	250g
	ドライイースト	小さじ1 1/2
	(ベターホームの天然酵母→p131 なら10g)	
	砂糖	30g
	塩	小さじ1/2
卵1個+牛乳		合わせて160〜170ml
バター		30g
B	クランベリー	100g
	赤ワイン	小さじ1
	ホワイトチョコレート	50g
	ピスタチオ(殻を除いて)	30g
粉糖		大さじ1/2
(手粉用)強力粉		適量

●準備

卵とバターは室温にもどします。
牛乳は、卵と合わせる前に35〜40℃に温めます。

●工程

こね	10分
第1発酵	30℃:30〜40分
ベンチタイム	10分
第2発酵	35℃:40〜50分
オーブン温度	190℃:25分

● 作り方

〈具の準備〉

①クランベリーは大きければ5mm角に切り、ざるに入れて、ぬるま湯をかけます。水気をきり、赤ワインをかけて10分以上おきます。a

＊前日から漬けておくとより風味がつきます。

②ピスタチオはかぶるくらいの熱湯で約2分ゆで、水気をきります。b　あら熱がとれたら、薄皮を除きます。半分に切ります。

③ホワイトチョコレートは5mm角にきざみます。

STEP 1 ──────────────────── 生地作り

①ボールにAを合わせます。とき卵と牛乳を合わせ、Aに加えます。木べらでさっと混ぜてから、手で混ぜます。ひとかたまりになったらこね板に出して、なめらかになるまでこねます。

②生地をボールに戻して、バターを加えます。生地にもみこみ、再びこね板に出して、なめらかになるまでこねます。こねあがったらBを加えて混ぜます。

③なめらかな面が表に出るように丸めます。合わせ目はつまんでとじ、バター（材料外）を塗ったボールに入れます。

STEP 2 ──────────────────── 第1発酵

④生地のまわりの温度を30℃前後に保ち、約2倍になるまで30～40分発酵させます。

赤ワインの風味をつけます

湯むきすると、鮮やかな緑色になります

パネトーネ（panettone）とは

「大きなパン」という意味をもつ、イタリアの伝統的な菓子パンのひとつです。各家庭ではクリスマスの4週間前（待降節）に焼き、親族や友人に配ります。本来はイーストではなくパネトーネ種の酵母を使って、生地をゆっくり発酵させ、レーズン、プラム、オレンジピールなどのドライフルーツを混ぜこんでふんわり焼きあげます。ドライフルーツの入らないものもあり、こちらはパンドーロ（pandoro）と呼ばれます。

STEP 3 ································ ガス抜き・分割・ベンチタイム

⑤生地をこね板に出し、生地を手のひらでやさしく押して、ガスを抜きます。2等分にして、きれいな面が表に出るように丸めます。ふきんをかけ、ベンチタイムを約10分とります。

STEP 4 ·· 成形

⑥パネトーネ型にとじ目を下にして、そっと生地を入れます。軽く押さえて表面を平らにし、オーブン皿に並べます。c

型が深いので、腰高に丸め直して入れます

STEP 5 ·· 第2発酵

⑦生地のまわりの温度を35℃くらいに保って、40～50分、生地が型から少し出るくらいになるまで第2発酵させます。d

STEP 6 ·· 焼く

⑧オーブンは190℃に予熱します。約25分焼きます。
⑨さめたら、粉糖をたっぷりふります。

生地が型から少し出るくらいまで、しっかりと発酵させます

アレンジ

ミニパネトーネ

パネトーネは高さがあるので、オーブンが小さいとこげやすくなります。そういうときはマフィン型(直径6cm)で作りましょう。6～7個できます

●作り方

STEP 1 ～ STEP 2 ············· 生地作り～第1発酵
①パネトーネと同様に作ります

STEP 3 ············ ガス抜き・分割・ベンチタイム
②生地をガス抜きし、6～7等分してベンチタイムをとります。

STEP 4 ～ STEP 6 ························· 成形～焼く
③生地をマフィン型に入れ、パネトーネと同様に第2発酵させます。190℃のオーブンで約15分焼きます。

パンのおいしい保存法

上手にパンが焼けたら、きちんと保存しましょう。パンは時間とともに乾燥し、皮が湿った感じになります。食パンやフランスパンのように材料がシンプルなものほど、小麦粉の中のでんぷんの老化が進みやすく、パサついてきます。砂糖、油脂、卵、牛乳などが多く入ったパンも、いくぶんゆるやかですが、味は落ちていきます。

● 保存法
2～3日なら、ポリ袋などに入れて、口をしっかりとじておきます。それ以上保存する場合は、焼きあがったパンがさめたら冷凍します。約1か月保存できます。

● 小さいパン
　丸パンや、ブレッチェンなどの小さいパンは、乾燥しないようにひとつずつラップに包んで、保存袋に入れます。

● 大きいパン
　食パンやカンパーニュなどの大きいパンは、食べるときの厚さに切って、食べる分ずつラップに包んで保存袋に入れます。

● 冷凍パンの焼き方
冷凍庫から出したパンは焼き直すと、焼きたてのおいしさがもどります。オーブントースターは温めておき、凍ったパンに霧吹きで霧を吹いて、中がふんわりするまで焼きます。こげそうなときは、アルミホイルをかぶせます。

● 大きめのパンや、厚みのあるパン
　室温で30分～1時間自然解凍するか、ラップをして電子レンジで10～20秒ほど加熱します（加熱しすぎるとおいしくないので、ようすをみながら）。まわりが少しやわらかくなったら、霧吹きで霧を吹いて、オーブントースターで焼きます。

● クロワッサン、デニッシュなど
　バターの多く入ったパンはこげやすいので、アルミホイルに包んでオーブントースターで焼き直します。温まったら、アルミホイルをはずし、少しさますとパリッとします。

おかずパン

チーズとハムの
パニーニ

オーブンがなくても作れるパンです。
ホットプレートで焼くので、
表面はよく焼けて香ばしく、
中はふんわり。
3種類のチーズがとろけます

●作り方

STEP 1 ──────────────────── **生地作り**

①ボールにAを合わせます。とき卵と牛乳を合わせ、Aに加えます。木べらでさっと混ぜてから、手で混ぜます。ひとかたまりになったらこね板に出して、なめらかになるまでこねます。

②生地をボールに戻して、室温にもどしたバターを加えます。生地にもみこみ、再びこね板に出してなめらかになるまでこねます。

③なめらかな面が表に出るように丸めます。合わせ目はつまんでとじ、バター（材料外）を塗ったボールに入れます。

STEP 2 ──────────────────── **第1発酵**

④生地のまわりを30℃前後に保ち、約2倍になるまで30〜40分発酵させます。

●材料（6個分）

A ┌ 強力粉 ……………………………… 120g
  │ 薄力粉 ……………………………… 30g
  │ ドライイースト ………………… 小さじ1
  │ （ベターホームの天然酵母→p131 なら10g）
  │ 砂糖 ………………………………… 大さじ2
  └ 塩 ………………………………… 小さじ1/2

卵1/2個＋牛乳 ………… 合わせて100〜110ml
バター ……………………………………… 20g
（手粉用）強力粉 ……………………… 適量

〈具〉
カマンベールチーズ ……………………… 50g
プロセスチーズ（ピザ用チーズでも） … 30g
粉チーズ …………………………………… 25g
ハム ………………………………………… 50g

〈トッピング〉
オリーブ油 ………………………………… 少々
粉チーズ …………………………………… 10g
あらびき黒こしょう ……………………… 少々

●準備

卵とバターは室温にもどします。
牛乳は卵と合わせる前に約40℃に温めます。
チーズとハムは、1cm角に切り、6等分します。

●工程

こね ………………………………………… 10分
第1発酵 ………………………… 30℃：30〜40分
ベンチタイム …………………………… 10分
第2発酵 ……………………… 室温（25℃）：30〜40分
焼く（ホットプレート） …… 低温（140℃）：15分

STEP 3 　　　　　　　　　　　ガス抜き・分割・ベンチタイム

⑤生地をこね板にとり出し、手で押してガスを抜きます。6等分して丸め、ふきんをかけてベンチタイムを約10分とります。

STEP 4 　　　　　　　　　　　　　　　　　　　　　　　成形

⑥生地をめん棒で、20×12cmのだ円形にのばします。a 生地の半分にチーズとハムを1/6量ずつのせ、具をのせていないほうの生地をかぶせます。合わせ目を手で押さえます。b

STEP 5 　　　　　　　　　　　　　　　　　　　　　　第2発酵

⑦ホットプレートに生地をのせてふたをし、室温（25℃）で、30～40分、1.5倍くらいになるまで第2発酵させます（スイッチは入れません）。c

STEP 6 　　　　　　　　　　　　　　　　　　　　　　　焼く

⑧生地の表面に刷毛でオリーブ油を塗り、粉チーズ、黒こしょうをかけます。低温（140℃）で、色づくまで約5分焼きます。裏返して約5分、もう一度裏返して約5分焼きます。d

＊ホットプレートがないときは、ふきんや帆布にのせて、室温で第2発酵させます。フライパンに油小さじ1を温め、2～3個ずつ、ごく弱火で両面を約10分焼きます（火が強いとこげやすくなります）。

＊さめたときは、電子レンジで30～40秒温めるとチーズが溶けます。

だ円形にのばします

ふちを少しあけて、生地の半分に具をのせます

ホットプレートにのせてふたをし、発酵させます（スイッチは入れません）

ホットプレートで低温でじっくり焼きます

ピザ

ピザは第2発酵が短かく、
気楽に作れるので
初めての人にもおすすめ。
おもてなしに
ぴったりの一品です

● 材料（2枚分）

A
- 強力粉 ……………………………… 100g
- 薄力粉 ……………………………… 100g
- ドライイースト ……………… 小さじ1/2
  （ベターホームの天然酵母→p131 なら5g）
- 砂糖 ………………………………… 小さじ1
- 塩 …………………………………… 小さじ2/3

- ぬるま湯 ………………………… 110〜120ml
- オリーブ油（生地用） ………………… 大さじ2
- （手粉用）強力粉 ……………………… 適量
- アルミホイル（30cm角） ……………… 2枚
- オリーブ油 ……………………………… 適量

〈マルゲリータ 1枚分〉
- トマト水煮缶詰（ホール・実のみ） ……… 100g

B
- 塩・こしょう ………………………… 各少々
- オリーブ油 …………………………… 小さじ1/2

- ピザ用チーズ ……………………………… 40g
- バジル ……………………………………… 2枝

〈生ハムとルッコラのピザ 1枚分〉
- バジルソース（p95） ……………………… 大さじ2＊
- ピザ用チーズ ……………………………… 40g
- 生ハム ……………………………………… 4枚
- ルッコラ ………………………………… 3〜4株

＊市販のものは、塩気が強いので少なめにします

〈生ハムとルッコラのピザ〉

● 準備

トマト水煮缶詰の実をつぶします。Bを加えて、ソースを作ります。a

トマトはつぶすだけ

● 工程

- こね ……………………………………… 10分
- 第1発酵 ………………………… 30℃：30〜40分
- ベンチタイム …………………………… 20分
- 第2発酵 ………………………… 室温（25℃）：15分
- オーブン温度
  - ……………………………… 生地のみ 190℃：6分
  - ……………………………… 具をのせて 250℃：5分

●作り方

STEP 1 .... 生地作り

①ボールにAを合わせます。ぬるま湯、オリーブ油大さじ2を加えて、木べらでさっと混ぜ、手で混ぜます。ひとかたまりになったらこね板に出して、なめらかになるまでこねます。
②なめらかな面が表に出るように丸めます。とじ目はつまんでとじ、オリーブ油（材料外）を塗ったボールに入れます。

STEP 2 .... 第1発酵

④生地のまわりを30℃くらいに保ち、約2倍になるまで30〜40分発酵させます。

STEP 3 .... ガス抜き・分割・ベンチタイム

⑤こね板にとり出し、ガスを抜きます。2等分して丸め、とじ目を下にして並べてふきんをかけて約20分おきます。

STEP 4 .... 成形

⑥手粉をふり、生地をめん棒で直径20cmくらいの円形にのばします。アルミホイルを敷いたオーブン皿に生地をのせ、ふちを厚めにしながら、手で直径25cmまでのばします。b

STEP 5 .... 第2発酵

⑦ふきんをかけて、室温（25℃）に15分ほどおきます。

STEP 6 .... 焼く

⑧オーブンを190℃に温めます。フォークで生地に穴をあけます。190℃のオーブンで約6分焼きます。c　とり出します。
⑨マルゲリータはトマトソースを、生ハムとルッコラのピザにはバジルソースをのせます。ピザ用チーズをそれぞれのせ、オリーブ油適量をまわしかけます。d　ルッコラは根元を落とします。
⑩オーブンの温度を250℃に上げ、生地を約5分焼きます。焼きあがったら、マルゲリータはバジルをのせ、生ハムとルッコラのピザは、生ハムとルッコラをのせます。

めん棒で円形にのばしたら、手でのばします

穴をあけて、ふくらまないようにします

生地のみ軽く焼いてから、ソースをのせて焼きあげます

バジルソース

●作り方（作りやすい分量）

バジル40gは葉をつみとります。フードプロセッサーに3〜4cmに切ったバジルの茎、松の実20g、バジルの葉、にんにく5gを順にかけます。なめらかになったら、オリーブ油大さじ2、塩、こしょう各少々を加えます。
＊残ったソースは冷凍できます。

ピザ生地で作る
ミニピザ

ピザの生地を小さくして、
おいしい具をたっぷりのせました。
いろいろアレンジしてみて

● 材料（4枚分）

A ┌ 強力粉 ……………………………… 100g
  │ 薄力粉 ……………………………… 100g
  │ ドライイースト ……………… 小さじ1/2
  │ （ベターホームの天然酵母→p131 なら5g）
  │ 砂糖 ………………………………… 小さじ1
  └ 塩 ………………………………… 小さじ2/3
ぬるま湯 ………………………… 110〜120ml
オリーブ油 ………………………………… 大さじ2
（手粉用）強力粉 ……………………………… 適量

● 具の準備
〈ベジタブル〉
① Bは合わせます。
② なすは3mm厚さの輪切りにします。ピーマンとパプリカは1〜2cm角に切ります。

〈ベーコンポテト〉
① じゃがいもは2mm厚さのいちょう切りにし、水にさらして水気をきります。たまねぎ、ベーコンは5mm幅に切ります。
② ボールに①を入れて塩、こしょうをふり、オリーブ油であえます。

● 工程
こね …………………………………… 10分
第1発酵 ……… 30℃：30〜40分
ベンチタイム ………………………… 20分
第2発酵 ……… 室温(25℃)：15分
オーブン温度 ……… 240℃：13分

〈ベジタブル2枚分〉
なす ……………………………… 1/2個(30g)
ピーマン ……………………… 1/3個(10g)
赤・黄パプリカ ……………… 各1/8個(各20g)

B ┌ プレーンヨーグルト ……………… 大さじ2
  │ マヨネーズ …………………………… 大さじ1
  └ 塩・こしょう ……………………… 各少々
粉チーズ ……………………………… 大さじ1

〈ベーコンポテト2枚分〉
じゃがいも ……………………… 1/2個(75g)
たまねぎ ………………………… 1/4個(50g)
ベーコン …………………………………… 1枚
塩・こしょう ……………………… 各少々
オリーブ油 ……………………………… 大さじ1
ピザ用チーズ …………………………… 30g

● 作り方
STEP 1 〜 STEP 2 …………… **生地作り〜第1発酵**
① ピザ(p95)と同様に生地をこね、発酵させます。

STEP 3 ……………………… **ガス抜き・分割・ベンチタイム**
② 生地をこね板にとり出し、手で押してガスを抜きます。4等分して丸め、ピザと同様にします。

STEP 4 …………………………………………… **成形**
③ 手粉をふり、生地をめん棒でふちを厚めに残して、直径15cmの円形にのばします。オーブンシートを敷いたオーブン皿にのせます。

STEP 5 ………………………………………… **第2発酵**
④ ふきんをかけて、15分ほど室温(25℃)におきます。

〈ベジタブル〉
　Bを塗り、野菜をのせます。粉チーズをふります。

〈ベーコンポテト〉
　具をのせて、ピザ用チーズをのせます。

STEP 6 …………………………………………… **焼く**
⑤ オーブンは240℃に温めます。約13分焼きます。

フォカッチャ

大きく焼くので、
初心者でも作りやすい、
イタリアのパン。
焼いたミニトマトが
濃厚でジューシーです

●材料(1個分)

A	強力粉	125g
	薄力粉	125g
	ドライイースト	小さじ1/2
	(ベターホームの天然酵母→p131 なら5g)	
	砂糖	小さじ1
	塩	小さじ2/3
	ドライバジル	大さじ1/2
ぬるま湯		155〜165ml
オリーブ油(生地用)		大さじ2
ミニトマト		10個
塩		小さじ1/4
オリーブ油		小さじ1
(手粉用)強力粉		適量

● 工程

こね……………………10分
第1発酵………30℃：30〜40分
ベンチタイム……………10分
第2発酵……室温(25℃)：20分
オーブン温度……200℃：15分

オーブンシートを敷いてのばすと、くっつきません

指にオリーブ油を塗ると、やりやすい

焼くと、生地がふくらんでトマトが出てくるので、押しこみます

● 作り方

STEP 1 ……………………………… 生地作り

①ボールにAを合わせます。ぬるま湯、生地用のオリーブ油を加えます。木べらでさっと混ぜてから、手で混ぜます。ひとかたまりになったらこね板に出して、なめらかになるまでこねます。

STEP 2 ……………………………… 第1発酵

②なめらかな面が表に出るように丸めます。合わせ目はつまんでとじ、オリーブ油(材料外)を塗ったボールに入れます。生地のまわりを30℃くらいに保って30〜40分、生地が約2倍になるまで第1発酵させます。

STEP 3 ……………………… ガス抜き・ベンチタイム

③生地をこね板に出し、手のひらでやさしく押して、ガスを抜きます。丸めて合わせ目をとじ、10分ほどベンチタイムをとります。

STEP 4 ……………………………… 成形

④オーブンシートに生地をのせ、めん棒で25×18cmにのばします。

STEP 5 ……………………………… 第2発酵

⑤オーブンシートごとオーブン皿にのせ、室温(約25℃)で、約1.5倍になるまで約20分発酵させます。

⑥ミニトマトはへたをとり、4等分に切ります。

STEP 6 ……………………………… 焼く

⑦オーブンを200℃に温めます。

⑧⑤の表面にオリーブ油小さじ1を刷毛で塗り、指でくぼみを作ります。ミニトマトをくぼみに押しこみ、塩をふります。 b c オーブンで、約15分焼きます。

🍴 おいしい食べ方 🍴

小さく切って、おいしいオリーブ油を添えれば、イタリア料理にぴったり。

カレーパン

LEVEL II

揚げたてをほおばってほしい
カリカリ＆ふんわりの
絶品カレーパンです

●材料(8個分)

A ┌ 強力粉 ······················· 250g
  │ ドライイースト ············· 小さじ1
  │ (ベターホームの天然酵母→p131 なら10g)
  │ 砂糖 ······················· 大さじ1
  └ 塩 ························· 小さじ2/3
卵1/2個＋ぬるま湯 ······ 合わせて170〜180ml
バター ··························· 10g
(手粉用)強力粉 ··················· 適量
卵液(卵1/2個＋水大さじ1/2)
パン粉 ··························· 30g
揚げ油 ··························· 適量

〈フィリング用のカレー〉
豚ひき肉 ························· 40g
たまねぎ ···················· 1/2個(100g)
じゃがいも ······················· 70g
にんじん ························· 20g
にんにく・しょうが ··············· 各少々
サラダ油 ······················· 大さじ1
水 ····························· カップ1
カレールウ ······················· 20g
塩・こしょう ····················· 各少々
ガラムマサラ ··················· 小さじ1/3

●準備
卵とバターは室温にもどします。
卵液は合わせて混ぜます。

●工程
こね ····························· 10分
第1発酵 ················· 30℃：30〜40分
ベンチタイム ····················· 10分
第2発酵 ················· 室温(25℃)：20分
揚げる ················· 中温(160℃)：4〜5分

● 作り方

〈フィリング用のカレー〉

① たまねぎは薄切りにします。じゃがいも、にんじんはいちょう切りにします。

② にんにく、しょうがはみじん切りにします。

③ 鍋にサラダ油を入れ、②とたまねぎを中火でいためます。たまねぎがしんなりしたら、残りの野菜とひき肉を加えていためます。肉の色が変わったら、水を加えます。沸とうしたら中火にし、ふたをずらしてのせて野菜がやわらかくなるまで煮ます。

④ カレールウを加えて溶かし、弱火で煮つめます。汁気がほとんどなくなったら、塩、こしょう、ガラムマサラで味をととのえます。

＊カレーは、包みやすいようにしっかり煮つめます

⑤ トレーや皿に広げてさまし、8等分します。 a

a さましておきます

STEP 1 ──────────────── 生地作り

① ボールにAを合わせます。とき卵とぬるま湯を合わせ、Aに加えます。木べらでさっと混ぜてから、手で混ぜます。ひとかたまりになったらこね板に出して、なめらかになるまでこねます。

② 生地をボールに戻して、バターを加えます。生地にもみこみ、なじんだら再びこね板に出して、なめらかになるまでこねます。

③ なめらかな面が表に出るように丸めます。合わせ目はつまんでとじ、バター（材料外）を塗ったボールに入れます。

b だ円の長いほうを合わせて、木の葉形にします

STEP 2 ──────────────── 第1発酵

④ 生地のまわりを30℃前後に保ち、約2倍になるまで、30～40分発酵させます。

STEP 3 ──────── ガス抜き・分割・ベンチタイム

⑤ 生地をこね板に出し、手のひらでやさしく押して、ガスを抜きます。8等分にして丸めます。ふきんをかけて約10分、ベンチタイムをとります。

c 第2発酵前に衣をつけます

STEP 4 ──────────────────────────────── 成形
⑥生地をめん棒で12×10cmのだ円形にのばします。カレーをのせて2つに折り、合わせ目をしっかりとじます。**b** とじ目を下にして、木の葉形に整えます。
⑦⑥に卵液をつけ、パン粉をまぶします。**c**

STEP 5 ──────────────────────────────── 第2発酵
⑧ふきんか帆布にのせて、ふきんをかけ、ひとまわり大きくなるまで、室温(約25℃)で約20分発酵させます。**d**

室温で第2発酵させます

STEP 6 ──────────────────────────────── 揚げる
⑨深めのフライパンに揚げ油を2cm深さに入れます。中温(約160℃)に熱し、⑧をとじ目を下にして生地を入れ、両面をゆっくり色よく4〜5分揚げます。**e**
＊揚げると生地がふくらむので、何回かに分けて揚げます。

さっくり揚げます

アレンジ
焼きカレーパン

揚げずに、オーブンで
焼くこともできます

● 作り方
第2発酵後、オーブンシートを敷いたオーブン皿にのせます。パン粉が生地の湿気を吸って、生地が破れやすいので、底に竹串で穴をあけます。190℃のオーブンで約13分焼きます。

チーズスティック

たっぷりのチーズとこしょうの風味が
ビールのおともにぴったり。
ついつい手がのびるおいしさです

●材料（15本分）

A
- 強力粉 ………………………… 50g
- 薄力粉 ………………………… 50g
- ドライイースト …………… 小さじ1/2
  （ベターホームの天然酵母→p131 なら5g）
- 砂糖 …………………………… 大さじ1/2
- 塩 ……………………………… 小さじ1/2
- 粉チーズ* …………………… 30g
- 黒こしょう …………………… 少々

- ぬるま湯 ……………………… 60〜65ml
- オリーブ油 …………………… 小さじ1
- （手粉用）強力粉 ……………… 適量

〈仕上げ用〉
- オリーブ油 …………………… 小さじ1
- 粉チーズ* ……………………… 10g
- 黒こしょう …………………… 少々

＊かたまりのパルメザンチーズをすりおろして使うと、よりおいしい。

●工程
- こね ………………………… 10分
- 第1発酵 …………………… 30℃：30〜40分
- ベンチタイム ………………… 10〜15分
- オーブン温度 ………………… 170℃：15分

a 上下に切りこみを入れて、目印にすると、きれいに切れます

b オリーブ油を塗って、チーズをふったら軽く押さえます

c 生地から落ちたチーズをまぶしながらねじり、オーブン皿に並べます

●作り方

STEP 1 ……………………………………………… 生地作り

① ボールにAを合わせ、ぬるま湯とオリーブ油を加えます。木べらでさっと混ぜてから、手で混ぜます。ひとかたまりになったらこね板に出して、なめらかになるまでこねます。

STEP 2 ……………………………………………… 第1発酵

② なめらかな面が表に出るように丸めます。合わせ目はつまんでとじ、オリーブ油（材料外）を塗ったボールに入れます。生地のまわりを30℃前後に保って30〜40分、生地が2倍くらいになるまで第1発酵させます。

STEP 3 ……………………………………… ガス抜き・ベンチタイム

③ 生地をこね板に出し、手のひらで押して、ガスを抜きます。丸めてふきんをかけ、ベンチタイムを10〜15分とります。

STEP 4 ……………………………………………… 成形

④ めん棒で25×15cmの長方形にのばし、1cm幅に縦に15等分に切ります（パイカッターならこね板にのせたまま、包丁ならまな板の上で切ります）。a

⑤ 生地の表面に刷毛でオリーブ油を塗り、仕上げ用のチーズをふります。b　1本ずつねじりながらオーブンシートを敷いたオーブン皿にのせます。c　黒こしょうをふります。

＊第2発酵せず、焼きます。

STEP 5 ……………………………………………… 焼く

⑥ オーブンは170℃に温めます。約15分焼きます。

粉の量を変えたいとき

粉の量を減らして、できあがり量を変える場合、粉の分量を基準にして、ほかの材料を調節します。

公 式

| 使いたい粉の分量 | ÷ | レシピの粉の分量 | = | 増減の割合 |

（強力粉と全粒粉などを合わせて使う場合は、合わせた重量で計算します）

● 本の分量

●材料（8個分）

A
- 強力粉……………………………250g
- ドライイースト……………小さじ1
- （ベターホームの天然酵母なら10g）
- 砂糖…………………………大さじ1
- 塩………………………小さじ2/3

- ぬるま湯………………………160〜170ml
- バター……………………………………10g

丸パンを150gの粉で作る場合

粉の分量を公式に当てはめて、割合を計算します。

| 150 | ÷ | 250 | = | 0.6 |

そのほかの材料もすべて約0.6倍にして計量します。（できあがりの数も0.6倍にします）

● 150gの粉で作る場合の分量

●材料（4〜5個分）

A
- 強力粉……………………………150g
- ドライイースト……小さじ2/3(2g)
- （ベターホームの天然酵母なら6g）
- 砂糖………………………大さじ1/2強(5g)
- 塩………………………小さじ1/3強(2g)

- ぬるま湯………………………95〜100ml
- バター………………………………………6g

●作り方：丸パンと同様です。4個（大きめ）か、5個（小さめ）に分割します。
焼き時間は本のレシピとほぼ同じですが、焼きあがりの5分ほど前にようすをみて、焼けていたらとり出します。
＊分割しないパンの場合は、粉の増減によって焼き時間も増減します。

おやつパン

さつまいもパン

黒ごま入りの生地で、
ほっくりと煮たさつまいもを
たっぷり包みました。
プチプチとした食感が楽しい、
人気パンです

●材料（2個分）

A	強力粉	250g
	ドライイースト	小さじ1
	（ベターホームの天然酵母→p131 なら10g）	
	砂糖	大さじ2
	塩	小さじ1/2
	いりごま（黒）	25g
ぬるま湯		165〜175ml
バター		10g
（手粉用）強力粉		適量
〈さつまいもの甘煮〉		
さつまいも		300g
B	砂糖	大さじ3
	水	カップ1/2

●準備
バターは室温にもどします。

●工程
こね……………………………10分
第1発酵………30℃：30〜40分
ベンチタイム…………………10分
第2発酵………35℃：30〜40分
オーブン温度………190℃：18分

煮くずれないように煮ます

さつまいもを軽く押さえ、生地の上下を合わせます

さらに二つ折りにします

さつまいもが見えるように、クープを深めに入れます

●作り方
〈さつまいもの甘煮〉
①さつまいもは、皮つきのまま1cm角に切ります。水にさらしてアク抜きをします。水気をきります。
②鍋に①とBを入れ、中火にかけます。いもがやわらかくなり、汁気がほとんどなくなるまで6〜7分煮、さまします。 a

STEP 1 ──────────────────── 生地作り
①ボールにAを合わせ、ぬるま湯を加えます。木べらでさっと混ぜたら、さらに手で混ぜます。ひとかたまりになったらこね板に出して、なめらかになるまでこねます。
②ボールに生地を戻してバターを加え、手でもみこむように混ぜます。なじんだらこね板に出し、なめらかになるまでよくこねます。
③なめらかな面が表に出るように丸めます。合わせ目はつまんでとじ、バター（材料外）を塗ったボールに入れます。

STEP 2 ──────────────────── 第1発酵
④生地のまわりを30℃前後に保って30〜40分、生地が2倍くらいになるまで第1発酵させます。

STEP 3 ──────────── ガス抜き・分割・ベンチタイム
⑤生地をこね板に出し、手のひらでやさしく押して、ガスを抜きます。2等分にして丸め、合わせ目をとじます。ベンチタイムを約10分とります。

STEP 4 ──────────────────── 成形
⑥生地をめん棒で20×25cmのだ円形にのばします。さつまいもの甘煮を広げ、手で押さえます。生地の上下を中央で合わせて押さえ、 b さらに上下を中央で合わせて二つ折りにします。 c 合わせ目をつまんでとじ、表に返してころがして形を整えます。
⑦オーブンシートを敷いたオーブン皿に、とじ目を下にして並べます。

STEP 5 ──────────────────── 第2発酵
⑧生地のまわりの温度を約35℃に保って30〜40分、1.5倍くらいになるまで第2発酵させます。

STEP 6 ──────────────────── 焼く
⑨オーブンは190℃に温めます。ナイフや包丁などの刃に水をつけ、生地の中央に切りこみ（クープ）を入れます。 d
⑩190℃のオーブンで約18分焼きます。

メロンパン

いつものメロンパンをぜいたくにアレンジ。
カスタードクリーム入りと
抹茶風味の2種類を作ります

● 材料（カスタード入り・抹茶風味各4個分）

A ┌ 強力粉（パン専用粉*） ………………… 200g
  │ ドライイースト ………………………… 小さじ1
  │ （ベターホームの天然酵母→p131 なら10g）
  │ 砂糖 ……………………………………… 30g
  └ 塩 ……………………………………… 小さじ1/3
卵1/2個＋ぬるま湯 …… 合わせて130〜140ml
バター …………………………………………… 15g
（手粉用）強力粉 ………………………………… 適量

〈ビスケット生地〉
バター …………………………………………… 40g
砂糖 ……………………………………………… 50g
卵 ………………………………………………… 1/2個
B ┌ 薄力粉 ………………………………… 120g
  └ ベーキングパウダー ………………… 小さじ1/2

〈カスタード入り〉
メロンエッセンス ………………………… 小さじ1/4
カスタードクリーム（p113）………………… 90g

〈抹茶風味〉
抹茶 ………………………………………… 小さじ1/2
（仕上げ用）グラニュ糖 ………………… 大さじ1・1/2
＊p33

● 準備
卵とバターは室温にもどします。
カスタードクリームはさまし、4等分して丸めます。

● 工程
こね ……………………………………………… 10分
第1発酵 ……………………………… 30℃：30〜40分
ベンチタイム …………………………………… 20分
第2発酵 ……………………………… 30℃：30〜40分
オーブン温度 ………… 170℃：8分＋150℃：6分

● 作り方
〈ビスケット生地〉

① Bは合わせてふるって、2等分し、片方に抹茶を混ぜます。砂糖もふるいます。

② バター40gを泡立器でやわらかくなるまですり混ぜます。a　砂糖を2〜3回に分けて加えて混ぜ、白っぽくなったら、とき卵を2〜3回に分けて加え、さらに混ぜます。2等分します。

③〈カスタード入り〉②にメロンエッセンスを加えます。抹茶の入っていないBを加え、ゴムべらで混ぜます。b
〈抹茶風味〉残りの②に抹茶入りのBを加えてゴムべらで混ぜます。

④ それぞれ4等分して丸めます。軽く押して平らにし、冷蔵庫で冷やします。

a バターは、室温にもどして、やわらかくしてから練ります

b 粉を入れたら、練らないように、さっくり混ぜます

● 作り方

STEP 1 ……………………………………………………………… 生地作り

①ボールにAを合わせます。とき卵とぬるま湯を合わせ、Aに加えます。木べらでさっと混ぜたら、さらに手で混ぜます。ひとかたまりになったら、こね板に出して、なめらかになるまでこねます。

②ボールに戻して生地にバターを加え、手でもみこむように混ぜます。なじんだらこね板に出し、なめらかになるまでよくこねます。丸めて、合わせ目をとじます。

STEP 2 ……………………………………………………………… 第1発酵

③とじ目を下にして、バター（材料外）を塗ったボールに入れます。生地のまわりを30℃前後に保って30〜40分、生地が2倍くらいになるまで第1発酵させます。

STEP 3 ……………………………………………… ガス抜き・分割・ベンチタイム

④生地をこね板に出し、手のひらでやさしく押して、ガスを抜きます。8等分にして丸めます。**c** とじ目を下にして、ふきんをかけて約20分、生地が1.5倍くらいになるまでベンチタイムをとります。**d**

〈カスタード入り（4個分）〉

クリームを入れるので、ベンチタイムを始めて約10分たったら、めん棒で生地を直径10cmの円形にのばします。クリームをのせて包み、合わせ目をとじます。**e** 再びベンチタイムを続けます。

＊メロンパンのベンチタイムは長めです。生地が小さいうちにビスケット生地をのせてしまうと、焼きあがりが割れてしまうからです。

STEP 4 ……………………………………………………………………… 成形

⑤ビスケット生地をめん棒で直径約10cmの円形にのばします。**f** 生地の表面にビスケット生地をかぶせ、なじませます。**g**

＊オーブンシートごとビスケット生地をかぶせ、そっとはずすと、きれいにかぶせることができます。

ベンチタイム前

ベンチタイム後

丸めたクリームを包みます

オーブンシートにはさんでのばすと、くっつきません

ふくらんだら、ビスケット生地をかぶせます

⑥ビスケット生地のほうにグラニュ糖をまぶして、カードやスケッパーで表面に格子もようをつけます。**h** **i** オーブンシートを敷いたオーブン皿に並べます。

STEP 5 ·· 第2発酵
⑦生地のまわりを30℃前後に保って、ひとまわり大きくなるまで30〜40分発酵させます。

STEP 6 ·· 焼く
⑧オーブンを170℃に温めます。約8分焼き、150℃に下げて約6分焼きます。

グラニュ糖をそっとつけます

カードやスケッパーでもようをつけます

カスタードクリーム

電子レンジで作る、カスタードクリーム。
デニッシュなどほかのパンにも使えます

●材料（90g分）
卵黄··2個分
A ┌ 砂糖··40g
　└ 薄力粉··20g　　バター··5g
牛乳··カップ1/2　　バニラエッセンス················少々

●作り方
①牛乳は電子レンジで約1分加熱します（ラップなし）。
②Aをふるい、ボールに入れます。①を少しずつ加え、泡立器でよく混ぜます。**j** 卵黄をといて加え、混ぜます。
③②をざるでこしながら、耐熱ボールに入れます。ラップをかけて、電子レンジで約50秒（500W）加熱します。かたまりかけたら、とり出して泡立器で混ぜ、さらに約1分加熱します。**k** とり出して、よく混ぜます。
④熱いうちにバターを手早く混ぜ、バニラエッセンスを加えて混ぜます。使うまで、ラップをかけて、さましておきます。
＊大人向けなら、ラム酒少々を加えても。

温めた牛乳を混ぜます

かたまりかけたところで、とり出して混ぜます

ドーナッツ

イーストを使って作るドーナッツは、油を吸いすぎないので、ふんわりやさしい味。型がなくても作れる方法です

●材料(チョコリング・きな粉ツイスト各5個分)

A
- 強力粉………………………180g
- 薄力粉………………………70g
- ドライイースト……………小さじ1
  (ベターホームの天然酵母→p131 なら10g)
- 砂糖…………………………30g
- 塩……………………………小さじ2/3

卵1個+ぬるま湯………合わせて145〜150ml
バター…………………………30g
揚げ油…………………………適量
(手粉用)強力粉………………適量

〈チョコリング〉
チョコレート(製菓用でなくてもよい)……50g

〈きな粉ツイスト〉
きな粉・砂糖…………………各20g

●準備
卵とバターは、室温にもどします。
チョコレートは5mm角にきざみます。

●工程
こね……………………………10分
第1発酵………………30℃:30〜40分
ベンチタイム…………………10分
第2発酵………………室温(25℃):20分
揚げる…………………中温(170℃):3〜4分

● 作り方

STEP 1 ……………………………………………………… 生地作り

① ボールにAを合わせます。とき卵とぬるま湯を合わせ、Aに加えます。木べらでさっと混ぜてから、手で混ぜます。ひとかたまりになったらこね板に出して、なめらかになるまでこねます。

② 生地をボールに戻して、バターを加えます。生地にもみこみ、再びこね板に出してなめらかになるまでこねます。

③ なめらかな面が表に出るように丸めます。合わせ目はつまんでとじ、バター（材料外）を塗ったボールに入れます。

STEP 2 ……………………………………………………… 第1発酵

④ 生地のまわりを30℃くらいに保ち、約2倍になるまで30～40分発酵させます。

STEP 3 ………………………………… ガス抜き・分割・ベンチタイム

⑤ 生地をこね板に出し、手のひらでやさしく押して、ガスを抜きます。10等分にして丸めます。ツイスト形は、手のひらでころがして約10cmの棒状にします。

⑥ ふきんか帆布にとじ目を下にして生地をのせ、ふきんをかけて、ベンチタイムを約10分とります。a

STEP 4 …………………………………………………………… 成形

〈チョコリング〉

⑦ 生地の中央に指を入れて、穴をあけます。裏側からも指を入れて、くるくるまわしながら穴を広げます。b c　5個作ります。

〈きな粉ツイスト〉

⑧ 両端は少し細くなるように両手でころがして、約30cm長さにのばします。d　半分に折って、生地を交差させながらねじり、生地の端をとじます。e　5個作ります。

ツイスト形（右）は、細長くしてベンチタイムをとります

〈チョコリング〉

指を押しこみ、穴をあけます

指でまわしながら、穴を広げます

〈きな粉ツイスト〉

両端は細くし、30cmにのばします

両端を持ってねじります。端はしっかりとめます

STEP 5 第2発酵

⑨室温(約25℃)で、約1.5倍になるまで約20分発酵させます。

STEP 6 揚げる

⑩深めのフライパンに揚げ油を2cm深さに入れます。中温(170℃)に熱し、⑨を返しながら3〜4分、ゆっくり色よく揚げます。リング形は、油に入れてから薄く色づくまで、穴にさい箸を入れて、生地をまわしながら揚げます。 f　よい揚げ色になったら、油をきってあら熱をとります。

＊揚げると生地がふくらむので、何回かに分けて揚げます。

STEP 7 仕上げ

〈チョコリング〉

⑪チョコレートはボールに入れ、底を約60℃の湯にあてて溶かします。 g　⑩の表面につけ、固まるまでおきます。 h

〈きな粉ツイスト〉

⑫きな粉と砂糖をトレーに合わせて、⑩がさめたところでまぶします。

＊ポリ袋の中に入れて、袋の中でまぶしても。

きれいな形になるように、リング形の揚げ始めは、箸でそっとまわしながら揚げます

湯せんします

上面にたっぷりつけます

〈きな粉ツイスト〉

豆パン

甘納豆とパンは、
意外にも相性のよい組み合わせ。
生地にたっぷり入れて
ころんと丸く焼きあげました。
日本茶とどうぞ

● 材料（9個分）

A	強力粉……………………………250g
	ドライイースト………………小さじ1
	（ベターホームの天然酵母→p131 なら10g）
	砂糖………………………………大さじ1
	塩………………………………小さじ1/2

卵1個＋ぬるま湯………合わせて160〜170ml
バター……………………………………30g
うぐいす甘納豆…………………………70g
金時甘納豆………………………………70g
あずき甘納豆……………………………50g
（手粉用）強力粉………………………適量

＊甘納豆は1種類でも。うぐいす、金時豆は200g、あずきは150g使います。

甘納豆は3種類。こねた生地を3つに分けて混ぜるので、1度で3つの味わいが楽しめます

●準備
卵とバターは室温にもどします。

●工程
こね………………………10分
第1発酵………30℃:30〜40分
ベンチタイム………………10分
第2発酵………35℃:30〜40分
オーブン温度……190℃:13分

生地を分けたら、甘納豆を混ぜこみます

生地をいためないように、すっと切りこみを入れます

●作り方

STEP 1 ……………………………………… 生地作り

①ボールにAを合わせます。とき卵とぬるま湯を合わせてボールに加えます。木べらでさっと混ぜてから、手で混ぜます。ひとかたまりになったらこね板に出して、なめらかになるまでこねます（バターが多く入る生地なので、水分の入れすぎに注意します）。

②生地をボールに戻して、バターを加えます。生地にもみこみ、再びこね板に出してなめらかになるまでこねます。こねあがったら生地を3等分します。甘納豆をそれぞれ混ぜこみます。a

＊ホームベーカリーでこねたときは、生地をとり出して分割し、甘納豆を混ぜ、ボールで発酵させます。甘納豆が1種類のときは生地を分割せず、とり出して混ぜこみます。

③なめらかな面が表に出るように丸めます。合わせ目はつまんでとじ、バター（材料外）を塗ったボールに入れます。

STEP 2 ……………………………………… 第1発酵

④生地のまわりの温度を30℃くらいに保って、30〜40分、生地が約2倍になるまで第1発酵させます。

STEP 3 ……………………… ガス抜き・分割・ベンチタイム

⑤生地をこね板に出し、手のひらでやさしく押して、ガスを抜きます。3等分ずつ（甘納豆が1種類のときは9等分）にして丸めます。ふきんをかけて、ベンチタイムを約10分とります。

STEP 4 ……………………………………… 成形

⑥生地を軽く丸め直し、オーブンシートを敷いたオーブン皿に並べます。

STEP 5 ……………………………………… 第2発酵

⑦生地のまわりの温度を35℃くらいに保って、約1.5倍になるまで30〜40分、第2発酵させます。

STEP 6 ……………………………………… 焼く

⑧オーブンは、190℃に予熱します。

⑨ナイフや包丁などの刃に水をつけて、生地に格子に切りこみ（クープ）を入れます。b

⑩190℃のオーブンで約13分焼きます。

アップル
シナモンロール

LEVEL II

しっとりと煮たりんごと、
レーズン、くるみを
ぜいたくに巻きました。
シナモンの香り高い
スイートロールです

●材料(8個分)

A
- 強力粉……………100g
- 薄力粉……………100g
- ドライイースト…小さじ1
  （ベターホームの
  天然酵母→p131 なら10g)
- 砂糖……………大さじ2
- 塩………………小さじ1/2

卵1個＋牛乳
……合わせて115〜125ml
バター……………10g
(手粉用)強力粉……適量

〈フィリング〉
- レーズン…………50g
- ラム酒……………大さじ1
- りんご(ふじや紅玉など)
  ……………1個(200g)
- レモン汁…………大さじ1
- 砂糖………………30g
- くるみ……………20g

B
- シナモン…大さじ1/2〜1
- グラニュ糖…大さじ1〜2

〈アイシング〉
- 粉糖………………30g
- 牛乳………………小さじ1

●準備

卵とバターは冷蔵庫から出して、室温にもどします。
牛乳は、卵と合わせる前に35〜40℃に温めます。

●工程

こね……………………10分
第1発酵………30℃:30〜40分
ベンチタイム……………15分
第2発酵………35℃:30〜40分
オーブン温度……190℃:12分

●作り方

〈フィリング〉

①りんごは8つ割りにして、芯をとります。皮をむき、約3mm厚さの薄切りにします。

②鍋にりんご、砂糖、レモン汁を入れ、中火にかけます。りんごがすき通って、汁気がなくなるまで煮ます。さまします。

③レーズンはざるに入れて、ぬるま湯をかけます。水気をよくきってラム酒をかけます。くるみは5mm角に切り、170℃のオーブンで7〜8分焼きます。

④Bを合わせて、シナモンシュガーを作ります。

STEP 1 ──────────── 生地作り

①ボールにAを合わせます。とき卵と牛乳を合わせ、Aに加えます。木べらでさっと混ぜてから、手で混ぜます。ひとかたまりになったらこね板に出して、なめらかになるまでこねます。

②生地をボールに戻して、バターを加えます。生地にもみこみ、再びこね板に出して、なめらかになるまでこねます。

③なめらかな面が表に出るように丸めます。合わせ目はつまんでとじ、バター(材料外)を塗ったボールに入れます。

STEP 2 ──────────── 第1発酵

④生地のまわりの温度を30℃くらいに保って、生地が約2倍になるまで、30〜40分第1発酵させます。

STEP 3 ──────── ガス抜き・分割・ベンチタイム

⑤生地をこね板に出し、手のひらでやさしく押して、ガスを抜きます。丸めて、ベンチタイムを約15分とります。

汁気をとばしながら、こがさないように煮ます

STEP 4 ……………………………………………………………… 成形

⑥めん棒で30×20cmにのばします。b

のばします

⑦生地の上端1～2cmを残して、シナモンシュガー、くるみ、りんご、レーズンの順に散らします。軽く押さえます。
⑧手前からゆるめに巻きます。c　巻き終わりをつまんでとじ、軽くころがして、太さを均一にします。

具を散らして、巻きます

⑨まな板にのせ、包丁で8等分します。d
⑩オーブンシートを敷いたオーブン皿に、切り口を上にして並べます。e　生地を上から軽く押さえます。

STEP 5 ……………………………………………………………… 第2発酵

⑪生地のまわりの温度を35℃くらいに保って、約1.5倍になるまで30～40分、第2発酵させます。

切るごとに刃をぬれぶきんでふき、引くように切ります

STEP 6 ……………………………………………………………… 焼く

⑫オーブンを190℃に温めます。約12分焼きます。
⑬アイシングを作ります。粉糖に牛乳を少しずつ入れて混ぜ、スプーンを持ち上げると、リボン状にたれるかたさにします。
f　パンのあら熱がとれたら、スプーンでかけます。固まるまでおきます。

間隔をあけて並べます

ゆっくりたれるくらいにします。水分が多すぎると、固まらなくなるので牛乳は少しずつ入れます

あんぱん

粒あん、こしあん、白あんを
包みました。
桜の花やけしの実などの
トッピングが味の目印です

●材料（9個分）

A	強力粉·················250g
	ドライイースト·············小さじ1
	（ベターホームの天然酵母→p131 なら10g）
	砂糖··················25g
	塩··················小さじ1/2

卵1個＋ぬるま湯·········合わせて170〜180ml
バター·················30g
（照り用）卵大さじ1＋水小さじ1
こしあん················100g
　桜の花の塩漬け············3個
粒あん*················100g
　けしの実···············小さじ1/2
白あん·················100g
　いりごま（黒）············小さじ1/2
（手粉用）強力粉············適量
＊手づくりならp127

●準備

卵、バターは室温にもどします。
桜の花の塩漬けはさっと洗って塩抜きし、水気をしっかりきります。a
あんはそれぞれ3等分にし、丸めます。

●工程

こね··10分
第1発酵··················30℃：30〜40分
ベンチタイム··10分
第2発酵··················35℃：30〜40分
オーブン温度··············190℃：13分

●作り方

STEP 1 ··· 生地作り

①ボールにAを合わせます。とき卵とぬるま湯を合わせ、Aに加えます。木べらでさっと混ぜてから、手で混ぜます。ひとかたまりになったらこね板に出して、なめらかになるまでこねます。

②生地をボールに戻して、バターを加えます。生地にもみこみ、再びこね板に出して、なめらかになるまでこねます。

③なめらかな面が表に出るように丸めます。合わせ目はつまんでとじ、バター（材料外）を塗ったボールに入れます。

STEP 2 ··· 第1発酵

④生地のまわりの温度を30℃くらいに保って、生地が約2倍になるまで30〜40分、第1発酵させます。

STEP 3 ························ ガス抜き・分割・ベンチタイム

⑤生地をこね板に出し、手のひらでやさしく押して、ガスを抜きます。9等分にして丸め、ふきんをかけて、ベンチタイムを約10分とります。

STEP 4 ··· 成形

⑥生地をめん棒で直径8〜9cmの円形にのばします。b

⑦あんを包みます。包むときは、親指と人差し指で輪を作るようにして生地をのせます。中央にあんをのせたら、上から押してまわりの生地をしぼるようにします。合わせ目をつまんでしっかりとじます。c

⑧とじ目を下にして、手のひらで軽く押して、やや平らにします。こしあんの生地は、桜の花の塩漬けをのせるので、指に手粉をつけて中心を押して、くぼませます。

⑨オーブンシートを敷いたオーブン皿に、とじ目を下にして並べます。d

そのままでは塩気が強いので、さっと洗って、塩抜きします

のばします

4点を合わせるようにとじます

第2発酵前

STEP 5 ··· 第2発酵

⑩生地のまわりの温度を35℃くらいに保って、約1.5倍になるまで30〜40分、第2発酵させます。e

STEP 6 ··· 焼く

⑪照り用の卵と水を混ぜ、ざるでこします。

⑫生地の表面に、刷毛で照り用卵を塗ります。こしあんには桜の花の塩漬けをくぼみに入れ、つぶあんにはけしの実、白あんにはごまをのせます。

⑬オーブンを190℃に温めます。約13分焼きます。

第2発酵後

粒あん

あずきは水につける必要がなく、
煮てつぶすだけなので、
意外とかんたんに手づくりできます。
冷凍できるので、多めに作っても

●作り方

①あずきは洗います。鍋に入れ、たっぷりの水を入れて強火にかけます。沸とうしたら中火にして2〜3分煮、しぶ味をとるため、ざるにあけてゆで汁を捨てます。

②あずきを鍋にもどし、たっぷりの水を入れて強火にかけます。沸とうしたらアクをとり、弱火にします。ふたをして、途中で水が減ってきたら水をたして、やわらかくなるまで50分〜1時間煮ます。

＊ここでやわらかくなるまで、しっかり煮るのがポイント。水気が少なくなってきたら2〜3粒とってつぶしてみて、かんたんにつぶれるくらいにやわらかくなっていればOKです。

③砂糖を一度に混ぜ、強火にかけます。木べらで静かに混ぜながら煮つめます。すくって落とすと、形のまま残るくらいになったら、塩を加えて火を止めます。

＊さめるとかたくなるので、やわらかめで火を止めます。

④トレーに広げてさまします。

●材料（粒あん300g＊分）

あずき	100g
砂糖	100g
塩	ひとつまみ

＊倍量にしたいときは、材料すべてを倍量にします。

ぽってりとなるまで煮つめます

成形のアレンジ ❷

同じパンでも、形をかえたり、切りこみをくふうすると、
見た目も味わいもかわります。いろいろ試してみましょう！

さつまいもパン（p108）で……

ぎざぎざクープ

焼く直前に、キッチンばさみでぎざぎざに切りこみを入れます

豆パン（p118）で……

結び豆パン

生地を30cmにのばし、結びます。下端を持ち上げ、結び目に押しこみます

生地がきゅっと締まって、しっかりとした食感です

パンのこと

パン作りの材料

粉

パンの主役は小麦粉。小麦粉は含まれるたんぱく質の量によって、多いほうから「強力粉」「中力粉」「薄力粉」に分かれています。

小麦粉に水を加えて混ぜると、たんぱく質が多いほど、よく粘ってグルテンの膜ができます。イーストを加えると、グルテンの膜の中に、イーストの発酵でできる炭酸ガスがとじこめられ、生地がふくらみます。そのためパン作りには、たんぱく質の多い強力粉を主に使います。

強力粉・最強力粉

たんぱく質の量は11.5〜13％。スーパーなどで売られている強力粉は、パン作りの初心者にもいちばん扱いやすい粉です。本では、指定がない場合はこの粉を使います。最強力粉やパン専用粉は、たんぱく質が通常の強力粉よりも多く含まれていて、パンにボリュームが出ます。専門店で売られています。

商品名：（強力粉）カメリア、イーグルなど
（最強力粉・パン専用粉）、ビリオン、ゴールデンヨットなど

フランスパン専用粉（準強力粉）

たんぱく質の量が11〜12％と中力粉より多く、強力粉よりも少なめで、皮はパリッと、中はソフトなパンに仕上がります。フランスパンやカンパーニュなどに向きます。

商品名：リスドオル、フランスなど

薄力粉

たんぱく質の量が少なく、強力粉に混ぜて使うと、グルテンを抑えてさくっと歯ぎれがよくなります。クロワッサンやピザなどに使います。パン作りではふるわず、かたまりがあればほぐします。

商品名：フラワーなど

●粉の保存について

パンの味は粉の味が決めます。新鮮なものを使い、においが移りやすく、湿気も吸うので、開封後は密閉して保存して早めに使いきりましょう。

酵母

パン作りには酵母による発酵が欠かせません。酵母にはいくつか種類がありますが、働きは同じです。生地の糖分を炭酸ガスとアルコールにかえて、パンをふくらませ、香ばしい味わいを作ります。発酵がうまく進み、パンがおいしくできるどうかは酵母の力にかかっています。

イースト

イーストは酵母の一種で、パン作りに適した酵母をとり出したもの。発酵力が強く、家庭でも扱いやすいので、安定したパン作りができます。イーストを乾燥させたドライイーストは保存性が高く、粉に混ぜてすぐ使えます。

●イーストの保存

ドライイーストは開封しなければ、製造後1年くらいは使えます。開封後は、密閉して冷蔵庫で保存します。約6か月は効力はかわりませんが、早めに使いきります。

天然酵母

自然の酵母や菌を、りんごやぶどうを栄養にして培養したもの。イーストが単一の酵母なのに対し、天然酵母は、複数の菌が混ざっているので深いコクと風味があります。ただし質が安定しにくく、培養や発酵には時間がかかります。

ベターホームの天然酵母

りんごなどを栄養に、酵母菌と植物性乳酸菌を培養してフリーズドライで粉末状にしたもの。ふっくらと甘い、香りのよいパンが焼けます。安定性がよいので、ドライイーストと同様に粉に混ぜて使えます。〈問い合わせ先：03(3407)0471〉

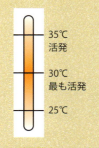

＊ベターホームの天然酵母は、ドライイーストにかえて作れます。粉200〜250gに対して1袋(10g)を使い、第1、第2発酵の時間はドライイーストより長めに(50分〜1時間)とります。

酵母は生きもの。寒すぎても、暑すぎてもうまく活動できません。パン作りでは、生地を、酵母が元気に活動する温度に保つことが大切です。

- 35℃ 活発
- 30℃ 最も活発
- 25℃

イーストが発酵するのに適した温度は25〜35℃、最も活動するのは28〜32℃です。

ぬるま湯

パン作りでは35〜40℃のぬるま湯を使って、イーストが元気に活動する温度を作ります。40℃は指を入れてみて、おふろより少しぬるく感じる温度です。

湯が熱すぎたり、冷たすぎたりすると、イーストの活動が弱まります。夏は低め、冬は高めの温度にするなど、季節によってもかえます。また、ぬるま湯の量は粉の新鮮さでもそのつどかわります。

湯を加えたときの、粉の状態をみながら調節します。

砂糖

この本では上白糖を使います。砂糖は生地に甘味をつけるだけでなく、イーストの栄養源となり発酵を助けます。しかし、粉の20%を超えると、発酵を抑えてしまいます。

塩

塩は小麦粉のグルテンを引きしめて、"こし"のある生地にし、炭酸ガスを保つ力を強くします。一方で塩はイーストの活動を妨げる作用があるので、入れすぎると発酵が悪くなり、パンがふくらみません。

卵

前もって室温にもどしておきます。生地に卵が加わると、パンの香りと焼き色がよくなり、生地のふくらみを保つ力が高まるので、ボリュームのあるパンになります。ただし入れすぎると、卵白のたんぱく質が小麦粉のグルテンを弱めるので、ふくらみが悪くなります。

油脂

バターやオリーブ油などの油脂は、味・香り・風味をつけるだけでなく、生地ののびをよくし、パンの水分を保ちます。
バターは表記がない場合は、有塩のバターを使っています。使うときは室温に出して、やわらかくしておきましょう。冷たいままだと生地に混ざこみにくいばかりでなく、生地の温度を下げてしまいます。

全粒粉

小麦を皮や胚芽のついたままひいた粉です。強力粉だけで作ったパンに比べて、ふくらみは小さくなりますが、うま味があり、素朴な味わいのパンができます。ただし、入れすぎるとふくらみにくくなるので、粉の量の20%くらいまでにします。

ドライフルーツ

フルーツをパン生地に使うときは、生のものではなくドライフルーツを使います。そのまま加えると、かたく、生地の水分を吸収してできあがりがかたくなります。混ぜる前に水やぬるま湯でもどすか、ぬるま湯をかけて、水気をしっかりきってから使います。

ナッツ

くるみやアーモンドなどのナッツはカリッとした歯ごたえと、香ばしさがパンのアクセントになります。生地に加える前に、きざんでから、170℃のオーブンで7～8分ほど焼き、さましておきます。

パン作りの道具 基本編

この道具があれば、おいしいパンが作れます

ボール

この本では、こねるときと発酵で湯をはるときは、直径24cm、発酵用の生地を入れるのは直径18cmのボールを使用しています。こねたり、発酵させたりするのに使うので、しっかりしたステンレス製を選びます。

はかり

目盛りが1gきざみで、正確にはかれるデジタルはかりがおすすめです。

温度計

湯や発酵の温度をはかるので、100℃までの目盛りの見やすいものを用意します。

計量カップ・計量スプーン

ステンレス製のものが、耐酸性もあり、衛生的です。

ケーキカード

パン生地を切り分けたり、こね板にくっついた生地をとるのに使います。ボールから生地を出すときは、カーブのほうを使います。

めん棒

生地をのばすときに使います。25cm程度の長さで、ある程度重さがあるほうが使いやすいでしょう。

オーブンシート
パンがオーブン皿につかないように敷きます。何度もくり返し使えるタイプがおすすめです。洗うときに折らないように注意します。

ふきん
生地の乾燥を防いだり、こね板の下に敷いたりします。清潔なもので、ケバ立たないものを用意します。麻のキッチンクロスや手ぬぐいでも。

霧吹き
生地の乾燥を防いだり、フランスパンやカンパーニュなど、皮をパリッと焼きあげたいパンに使ったりします。霧が細かく出るものを使います。

木べら
粉と水を合わせるときに使います。しゃもじでも間に合います。

ポリ袋
発酵用には50×70cmくらいの大きなもの、バターをのばすとき、冷蔵庫で生地を発酵させるときは20×30cmくらいの厚手のものが便利です。スーパーでもらえるポリ袋は、薄くて破けやすいのでおすすめしません。

型
食パン型などは、材質によりますが、使い始めは洗って、から焼き（160℃で約20分）します。使ったあとは、オーブンの余熱でしっかり乾燥させます。

泡立器
粉、イースト、砂糖などを混ぜ合わせるときに使います。

キッチンばさみ
生地に切りこみを入れるときに使います。

パン作りの道具 上級編

こね板

生地をこねるときは、大きめのまな板や、きれいにした調理台でも間に合いますが、こね板があると作業しやすくなります。50cm四方くらいのものがおすすめ。

帆布（キャンバス地）

生地にかけて乾燥を防いだり、下に敷いて、こね板にくっつくのを防いだりします。使うたびに洗う必要はありません。汚れたらブラシと洗剤で洗い、シワをのばして干します。

ケーキクーラー

焼きあがったパンをさますのに使います。ワイヤーがしっかりしていて、じょうぶなものを選びます。

刷毛

照り用卵やオリーブ油を生地に塗るときに使います。毛がやわらかく、抜けにくいものを選びます。使うときはぬらして、水気をしっかりとります。ただし、手粉をはらうときはぬらしません。

パイカッター

クロワッサンやデニッシュ生地などを、きれいに切り分けることができます。こね板の上で使えます。

スケッパー

ステンレス製で、生地をいためることなく、スパッと切れます。カードよりも生地を切り分けやすい。

オーブンを使いこなそう

オーブンの性格を知って、上手に使いこなしましょう。

その1　オーブンの特徴をつかむ

オーブンにはガスオーブンや電気オーブンがあり、さらに火力の強さや庫内の広さもさまざまです。そのため、パンの焼き具合も違ってきます。パンをおいしく焼きあげるには、オーブンの特徴をつかむことが大切です。
この本のオーブンの温度表示は、一般的な電気オーブンのものですが、オーブンによって温度設定はかわります。ガスオーブンなどの火力の強いものは、10～20℃下げて焼きます。

その2　温度を調節する

レシピのオーブン温度はひとつのめやす。特に、電気オーブンは機種によって異なるので、焼き時間を基準にして、パンの焼き色を確認しながら、温度を調節します。焼き時間の半分を過ぎても焼き色がつかなければ、温度を10℃上げ、焼き色が濃いようなら10℃下げます。

その3　予熱に必要な時間をはかる

予熱が完了するまでの時間を、一度はかっておきましょう。第2発酵後にすぐ焼けるようにオーブンを温めておくと、むだがありません。

その4　オーブン皿の前後を入れかえる

前後、左右で火のまわり方に差があります。そのまま焼いていると、焼きムラになるので、焼き終わりの2～3分前になったら、オーブン皿の向きを変えます（やけどに注意）。

その5　扉の開け閉めはすばやく

オーブンによっては、扉を開けると急激に温度が下がるものがあります。扉の開け閉めはすばやく行い、焼き始めの10分は開けないようにします。温度が下がりやすいオーブンは、予熱の温度を高めに設定してもよいでしょう。

米粉でパンを作ってみよう

米の粉のパンは、もちもちとして
ほのかな甘味があります。
第1発酵がないので、すぐ作れるのも魅力です。

米粉パンは、5つのSTEPで作ります

- STEP 1　粉にバターを混ぜこむ・こねる（約10分）
- STEP 2　分割・ベンチタイム（約15分）
- STEP 3　成形
- STEP 4　第2発酵（30〜40分）
- STEP 5　焼く

● 材料（8個分）

A ┌ 米粉ミックス………250g
  │ ドライイースト
  │ ……………小さじ1
  │ （ベターホームの
  │ 天然酵母→p131 なら10g）
  │ 砂糖………………大さじ1
  └ 塩…………………小さじ2/3
バター………………………15g
ぬるま湯………180～190ml＊
＊水分は小麦粉のパンよりも多めです。

米粉ミックス
米粉は、米をさらさらの粉状にしたもの。米粉にはグルテンがなく、パンがふくらまないため、パン作りには、小麦から抽出したグルテンを加えた専用のミックス粉を使います。

● 準備
バターは室温にもどします。

a 水分を入れる前に、粉にバターを切り混ぜます。あずき大になったらOK

● 作り方

STEP 1 ……………………………… 生地作り

①ボールにAを合わせます。バターを加え、カードで切るように粉に混ぜます。**a** ぬるま湯を加え、生地がまとまるまでよく混ぜます。
＊水分が多く感じますが、そのままこねます。

②こね板にとり出し、手のひらで押しつけてなめらかになるまで、やさしくこねます。

STEP 2 ……………………… 分割・ベンチタイム

③生地を8等分にして丸め、合わせ目をとじます。ふきんをかけてベンチタイムを約15分とります。

STEP 3 ……………………………… 成形

④生地を軽く丸め直し、オーブンシートを敷いたオーブン皿に並べます。

STEP 4 ……………………………… 第2発酵

⑤生地のまわりの温度を35℃くらいに保って、約2倍になるまで30～40分、第2発酵させます。

STEP 5 ……………………………… 焼く

⑥オーブンを200℃に温めます。約15分焼きます。

パン作りのQ＆A

材料・分量について

Q 国産の強力粉を使いたいのですが、作り方は同じですか？

A 国産強力粉は収穫の年によって質がかわり、たんぱく質の量が安定しにくいため、パン作りに慣れてから使うのがおすすめです。水分はレシピより5〜10％程度少なめにして加え、生地の状態をみて調節します。

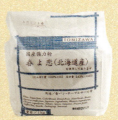

こねについて

Q こねた生地を冷凍することはできますか？

A 家庭の冷凍庫では、よい状態で冷凍することはむずかしいので、おすすめできません。時間がないようなら、こねたあと、冷蔵庫でひと晩発酵させて（p25）、翌日にパンを焼きあげましょう。ただし、クロワッサン、デニッシュ生地、ピザなら冷凍できます。

●**クロワッサン、デニッシュ生地**
バターを折りこんだあと、パイシートのように1枚にのばし、ラップに包んで冷凍します。使うときは、室温に1〜2時間おき、のばせる状態になったら成形します。

●**ピザ**
生地を成形し、190℃のオーブンで約6分焼きます（p95）。さめたら、ラップに包んで冷凍します。使うときは室温にもどし、具をのせて、レシピどおりに焼きます。

発酵について

Q 第1発酵をさせすぎてしまいました。パン作りを続けてもだいじょうぶ？

A 発酵させすぎた生地は、きめがあらく、酸味があります。また、指で押してすぐにしぼんでしまうほど発酵させすぎた場合は、焼いてもふくらまないので、ピザの生地にするとよいでしょう。

Q 第2発酵終了のめやすがわかりません。

A めやすは生地を押してみて、弾力があり、指あとが少し残る程度です。第2発酵は発酵時間が長すぎたり、温度が高かったりすると、発酵オーバーになりがちです。発酵させすぎると、底面積が広く、高さのないベタッとしたパンになります。また、色づきも悪く、きめがあらくなります。

生地をちょうどよく発酵させても、オーブンの予熱に時間がかかると、発酵はどんどん進んでしまいます。庫内で発酵させた場合は、オーブンを予熱するために、発酵終了の手前でとり出し、ビニールシートをかけておきます。

Q オーブン皿が小さくて、生地が全部のせられません。

A 生地が全部のりきらないときは、オーブン皿やトレーなどにのせて、乾燥しないようにラップをかけ、冷蔵庫に入れます。時間をずらして第2発酵させ、別に焼きます。

Q オーブンに発酵機能があります。使ってもよいでしょうか？

A オーブンの発酵機能は、湿気不足になりやすいので、湯を入れたボールを置くか、時々生地に霧を吹きます。設定温度が機種によって違うので、温度計で庫内の温度もはかります。

成形

Q 切りこみがうまく入れられません。

A 左手で生地をそっと支え、ナイフや包丁は、生地に対して垂直ではなく、角度をつけて、斜めに傾けるようにして刃を入れ、すっと手前に引きます。切れないからといって、何度も刃をあてると生地がいたみます。できないときは、無理に入れないようにします。

Q 生地をめん棒できれいにのばせません。

A めん棒は中心から向こう、中心から手前と動かします。手でコロコロと動かすというよりは、体で少し重みをかけて動かすようにするのがコツ。端だけ薄くならないように、生地の端までのばしきらないで、手前で止めます。四角くのばす生地は、のばし残った部分の生地を中心から右、左へと動かすと、きれいにのばせます。めん棒を何度もあてると生地がいたみます。のばしてもちぢむなら、ふきんをかけてしばらくやすませるとのばしやすくなります（その間に、ほかの生地をのばします）。

Q 生地をのばすときに、こね板にくっついてしまいます。

A 生地がこね板にくっついたまま、めん棒で無理にのばしても、生地はのびないだけでなく、ちぎれていたみます。生地をのばすときは、こね板とめん棒に手粉をふってクッションをつくることで、生地はなめらかにのびるようになります。時々、表と裏を返して、生地の両面にうすく手粉をつけながらのばします。のばしたら、生地の仕上がりがかたくならないように、余分な手粉ははらいます。

パンの焼きあがり

Q オーブン皿が2段入るオーブンの場合は、上下どちらで焼くのでしょうか。

A パン作りでは、基本的に下段で焼きます。特に庫内が小さめの電気オーブンの場合は、上に熱源があるため、上段に入れるとパンがこげてしまいます。また、1500W以下の電気オーブンでは、パワーがたりないので、2段で焼くことはできません。

Q 焼きあがったパンに大きな穴があいてしまいました。

A 成形のときに、空気が入ってしまったのが原因です。成形するときは、しっかりガスを抜いて、ていねいに行いましょう。

Q 焼き色にムラができるのですが、どうしたらよいでしょうか。

A 家庭用のオーブンは焼きムラが出やすいので、焼きあがり3分ほど前になったら、オーブン皿の前後を入れ替えます。また、オーブン皿いっぱいにパンをのせて一度にたくさん焼くと、熱が均一に伝わらず、焼きムラができるので、生地の間隔をあけて焼くようにしましょう。

Q パンがぱさぱさしています。

A 第2発酵をとりすぎたか、長く焼きすぎたのが原因です。発酵中や焼いているときは、時折生地の状態をチェックしましょう。また、焼きあがったら、すぐにオーブンから出します。

パ ン 研 究	ベターホーム協会
	（小斉平秀子・羽村雅子）
撮 影	中里一曉
撮 影 協 力	大井一範
スタイリング	道広哲子
装 画	平野恵理子
文中イラスト	としなりゆき
ブックデザイン	熊澤正人・尾形忍（パワーハウス）
校 正	ペーパーハウス

実用料理シリーズ

ベターホームのパンの基本

初版発行　2009 年　3 月　1 日
8 刷　　2015 年　5 月　1 日

編集・発行　ベターホーム協会

〒 150-8363
東京都渋谷区渋谷 1-15-12
〈編集〉Tel. 03-3407-0471
〈出版営業〉Tel. 03-3407-4871
http://www.betterhome.jp
ISBN978-4-86586-011-5

乱丁・落丁はお取替えします。本書の無断転載を禁じます。
© The Better Home Association,2009,Printed in Japan

パン工程表

パン作りの大切な基本ポイントをまとめました。
パン作りのときには、レシピとともにいつも手元に置いておくと、失敗なくパン作りができます。
切りとって、A4の透明クリアファイルに入れて使うと、破れたりぬれたりせず、長く使えます。

準備

1 発酵用のボール（直径18cm）にバター（またはショートニング）を軽く塗って、指でのばします。

※いつも同じボールを使うと、発酵の状態がわかりやすい

2 こね板の下に、すべり止めのぬれぶきんを敷きます。

3 材料表の多いほうの分量のぬるま湯をカップにはかり、とり分けて、少ないほうの分量におきます。

※第1発酵のボールにあてる湯を用意しておきます

STEP 1 生地作り

4 大きいボール（直径24cm）にAを入れ、泡立て器で混ぜます。

混ぜる

5 粉の中心にくぼみを作って、カップのぬるま湯を入れます。木べらでざっと混ぜます。

6 手でこねます。混ざりきらない粉があれば、残るぬるま湯を少しずつ入れて、調節します。

※小さじを使って、少しずつ

こねる　6〜7分

7 ボールから離れるようになったら、こね板に出します。

8 たたきつけたり、手のひらのふくらみで生地を押しつけるようにして、右、左右にこねたり、折りたたんだりしてこねます。

▶バターを入れないパンは**11**へ

9 なめらかになったら、ボールに戻し、バターを混ぜます。

10 ボールの中でしばらくもみこむと、まとまってきます。

11 バターがなじんだらこね板に出し、さらにこね細かくなり、やや弾力が出るまでこねます。

丸める　4〜5分

12 生地がのびるようになればこねあがりです。

13 生地の表面がざらついています。まだこねたりません。（×）

14 なめらかな部分が出るように、外側から生地を巻きこむようにして丸め、裏返してつまんだ部分を指でつまんでとじます。とじ目を下にして、**1**の発酵用のボール（18cm）に入れます。

STEP 2 第1発酵

15 生地のまわりの温度を30℃前後に保ちます。大きめのボールに36〜38℃の湯を入れて、生地を入れたボールを浮かべ、ビニールシートか大きめのポリ袋で全体をおおいます。温度計でときどき確認し、温度が下がっていたら、湯をたたします。

※30℃くらい
※36〜38℃の湯

16 30〜40分おいて生地を約2倍にふくらませます。

※30〜40分

生地に温度計をさしてはかります。27〜28℃なら、理想的

第1発酵

17 フィンガーテストをします。指に強力粉をつけて、生地にさし、指穴が元に戻らなければ発酵は終了。

STEP 3 ガス抜き・分割・ベンチタイム

ガス抜き

18 発酵が終了したら、生地をこね板に出し、手のひらで軽く押さえてガスを抜きます。

分割

19 カードかスケッパーで、同じ大きさになるように切り分けます。

生地は、きれいな面を上にし、乾いた帆布か、ふきんを用意します

20 きれいな面を上にして、表面がなめらかでハリが出るように丸めます。

21 裏返し、寄せた生地を指でつまんでしっかりとじます。

ベンチタイム

22 とじ目を下に置き、乾いた帆布をかぶせ、そのまま10〜15分おきます（ベンチタイム）。

10〜15分

第2発酵用の湯を用意しましょう

STEP 4 成形

23 作りたいパンの形にします。丸形のときは、ハリが出るように丸め直すだけ。

24 オーブンシートを敷いたオーブン皿に、とじ目を下にして並べます。

ふくらむので、ゆとりをもって並べて

STEP 5 第2発酵

25 45〜46℃の湯をはったボールの上にオーブン皿をのせます。オーブン皿に湯を入れたコップを置き、ビニールシートが生地につかないようにします。

26 ビニールシートか大きめのポリ袋で全体をおおって、蒸気がわるようにし、約35℃を保ちます。

約35℃
30〜40分
（約30℃にしたいときは40〜41℃の湯）

27 30分ほど発酵させ、約1.5倍の大きさになったら完了です。

見きわめは、生地表面を指で軽く押すと、弾力で表面が少し戻ればOK。生地がすぐにもどるようだとまだまだ、指あとがのこってぺこんとへこんだままだと発酵しすぎです。

STEP 6 焼く

28 第2発酵完了後にすぐ焼けるよう、オーブンは温めておきます。火力の強いオーブンは、温度を10〜20℃下げます。

予熱にかかる時間を知っておきましょう

29 照り用の卵を塗ったり、切って切り込みを入れたりします（ケープを行います、焼く直前に行います）。

オーブンに入れるときは、倒したり、ぶつけたりしないように

30 一般的な電気オーブンは、下段に入れて焼きます。扉を開けると、温度が下がりやすいので、焼き時間の半分くらいで色づきを見て、温度を調節します。

31 焼きあがったパンは、すぐに網にとります。すぐに食べないなら、あら熱がとれてから、ポリ袋に入れて乾燥しないように保存します。